新版

教師になるということ

池田　修
Osamu IKEDA

学陽書房

本書は『教師になるということ』（ひまわり社、２００７年）に加筆・改訂し、新版として出版したものです。

～これから教師を目指すみなさんに
いま教師のスタートを切ったばかりのみなさんへ～

まえがき

この本でみなさんと一緒に考えてみたいことは、教師になるということ、教師であるということは、どういうことなのかということです。

ですから、特に教師を目指している高校生、大学生、さらには、教師になって5年以内ぐらいの先生を頭の中に描いて話を進めていこうと思っています。ですがもちろん、10年目、20年目の先生方がもう一度初心に戻って考えるというのもアリです（笑）。

できれば、いま、この本を読む前に、なぜ教師になりたいのかという自分なりの答えを簡単にメモしてから読み始めてくれるといいかなと思います。読み終わってからの変化を確認しやすくするためです。次のページの空欄にメモしてください。

◆

私は、

ので、教師になりたいと考えています。

◆

話をしているようにこの本は進みます。主に将来教師をめざそうと思っている高校生に向けてした話を元に書いた本です。だいたい90分ぐらいで話している内容です。読むというよりは、聞いてくれれば嬉しいです。

では、始めましょう。

自己紹介

私は、もともと東京都で中学校の国語科の教師をしていました。４つの中学校で教えました。途中で仕事をしながら大学院に通うことができて※1、教員経験19年で中学校教諭の職を辞し、20年目から大学の先生になりました。

現在大学では、中学校や高等学校の国語科の教師を目指す学生に「国語科教育法」という授業をしたり、学活や行事の指導法などを扱う「特別活動論」、教師自身の指導力を鍛える「教職総合演習」とか「キャリア開発演習」という授業を担当してます。

私の勤めている京都橘大学では、２００７年度からは文学部（現 人間発達学部）に児童教育学科という学科ができまして、私はそこの学科の先生になりました。ここは小学校の先生、幼稚園の先生、保育園の保育士を育てる学科です。ここでは、いままでの授業の他に、学級担任の仕事を教える「学級担任論」という授業も持ちます。

おそらく、日本中の教員を養成する大学でこの授業を行っている大学はほとんどないと思います。

いえね、不思議なんですよ。

大学院には、「学校経営論」という授業がありました。これは、校長先生になる人にはとても大事な授業です。学校をどのように経営していくかを考える授業ですね。でもね、当たり前のことですが、先生は全員校長先生にはなりません。そんなことしていたら、先生の数だけ学校が必要になります（笑）。

だけど、校長先生にはならなくても先生になれば必ずするのが、学級担任です。だから「学級担任論」という授業が、教師を養成する大学であれば必ずあると思うでしょ。ところが、ないんですね。これがとても不思議で、あちこちでこの話をしていたのですよ。そうしていたら、

「池田さん、うちの大学でその授業をしてくれませんか？」

となってしまいました。人生はなかなか面白いものです。

とにかく、中学校の現場にいて、大学院で学んでみて、

（おかしいなあ。なんでこんなことを教員養成の大学で教えないのだろう）

と思っていたところ、いつの間にか大学で教員を養成することになってしまいました。

教師を目指す、教師になるために考える8つのポイント

そんな私が、教師を目指す、教師になるということはどういうことなのか、このことについて、私の経験を踏まえて8つのお話をしようと思います。

その8つとは、

（1）教育とは
（2）教師になるには

(3)いま何をしたらいいのか
(4)教師の魅力
(5)教師に必要な力
(6)クラスをつくるとは
(7)授業をつくるとは
(8)社会につながる学力とは

という感じです。では、始めます。

※1　公立学校の先生は、大学院設置基準第14条特例（通称14条特例）という方法で、給料を貰いながら大学院に通う制度があります。都道府県によってその制度の運用には多少の差があります。ですが、魅力的な制度です。これを活用したということです。

もくじ

第1章

教育とは

これはとても大きなテーマです。それこそ大学で４年間かけて、さらに大学院まで通って考え続けても答えることができるかどうかというようなものです。ですが、これを本当に簡単に説明してしまいますと「生きて行くための基礎体力をつける」ということになりますでしょうか。これをさらに、学校で行う教育に限定して考えてみましょう。次の４つがあります。

❶　命を守る

❷　心を育てる
❸　体を育てる
❹　学力を育てる

です。

❶　命を守る

事故・事件から守るという言い方でも良いかもしれません。すべての教育活動の土台となるものです。日本では、学校の中で起きた事故や事件が学校の責任になるだけではありません。

「行ってきます！」

と家を出て

「ただいま！」

までが、学校教育が責任を負う部分です。だから登下校の指導もするのですね。フランスでは校門の外で起きたことは、社会の責任として学校の先生は関知しないというのが普通だそうです。ま、どちらが良いのかはそれぞれ一長一短がありますのでなんとも言いにくいところもありますが、日本ではそういう現状です。

　多くの子どもがいれば事故事件が全くないということはあり得ません。しかし、事故を招きやすい環境をなくす努力をする、これは子どもの教育に当たる教師はしっかりと考えなければならないポイントです。

❷ 心を育てる

　感謝する、人をいたわる、我慢する、不正を許さない、仲間と協力するなどの心を育てるわけですね。そのためには、発達段階に応じた全能感と、自分を自分で正しく認める自尊意識、自己肯定感などを育てることが大事になってきます。簡単に言えば、全能感というのは
（あ、あたしは、なんでもできる）
と思うことで、自己肯定感というのは

（僕は、僕でいいんだ）

と思えることです。これらを年齢に応じた適切なものに育てることですね。

さすがに、高校生、大学生の諸君は（オレはずっとオレのままでいいんだ）とか（あたしはなんでもできる）とは思わないでしょ？　高校生にもなれば、「ここはいいけど、ここは嫌いな自分だな」とか「ここが得意で、ここが苦手」とわかりますよね。それが発達段階に応じているということです。でも小学校に入る前であれば、「自分が大好き」で「なんでもできる」に育ってほしいですし、育ててほしいなあと思うわけです。

❸ 体を育てる

健康でいられる体を育てる。または病気や怪我を自分で予防できる自分に育つということですね。例えば、子どもたちが鬼ごっこをします。これも子どもたちの体を育てるには大事な学習です。鬼ごっこをすることで肺の機能を高めていきます。また、サッカーをするのは、バランス感覚や筋力を楽しみながら鍛えることにもなっています。子どもの生活や文化を理解した上で、体を育てることはとても大事なことだと言うことです。

さらに最近では、「食育」といって、食べることから体の成長と健康を考える教育も学校教育に任されるようになってきました。

❹ 学力を育てる

自らの進路を切り開き、仲間と社会を良くするための力が学力です。心と体が健全であっても、学力がなければ人生をつくり上げていくことは難しいわけです。これを子どもたちに身につけさせていくために、教科の授業、遠足や運動会等の行事、クラスでの係活動等、さまざまな学習活動を設定しています。これらに取り組む子どもたちに対して、教師は、時に指導し、時に支援し、時に誉め、時に叱り、時に笑い、時に泣きと、彼らの学びの伴走者、伴奏者、絆創膏《バンソウコウ》になっていきます。そうして、学力を育てていきます。

命を守ることを土台にして、心と体と学力を児童・生徒の身に付けさせる。このことで、人間的な成長を促し、生きていくための基礎体力をつけさせることが、学校教育の役割です。そこで中心になって指導をしていく役割を担うのが、教師という仕事だと私は考えています。

教育はビジネスではない

一つ、きちんと押さえておきたい事柄があります。

ビジネスを戦争で例える言い方があります。同じように教育をビジネスで考える人もいます。いますが、私は違うと考えています。ビジネスは大事なものです。しかし、教育はビジネスではありません。

ビジネスの最大の目的は利益を上げることです。ビジネスではどんなに立派なことをしていても、「それ、いくら儲かるの?」と聞かれた時に答えられないようでは話になりません。また、もの凄く儲かることが分かっていても、多くの時間やコストがかかるようでは優れたビジネスとは言いにくいものです。

つまり、ビジネスは「最小限のお金と時間を使って、最大限の利益を出す」ということが望まれるのです。しかし、教育はどうでしょうか。もちろん、税金を使って教育をするわけですから、無駄なお金を使うことは慎まなければなりません。使ってもいない教室の電気を点けっぱなしにするようなことはダメです。しかし、人間は化学反応のように、こうすればこうなるという感じには成長しないものです。「最小限のお金と時間を使って、最大限の成果」が「出る」場合も確かにあります。ですが、「最大限のお金と時間を使って、最小限の成果」しか「出ない」場合もあるのが、教育です。

また、成果はその場、その時にすぐ出るものでもありません。

私なんか親に「家に帰ったら手を洗ってうがいをして」と言われ続けて、20年後にやっとできるようになりました。大学の恩師に指導を受けたことが15年後に納得できるなんてこともありました。教育はビジネスではありません。人格の完成を目指して丁寧に行うものです。また、人類のいままでの営みを受け継ぎ、これからの社会をより良くすることを目指して、人類に貢献できる力を付けるために行われる公的な使命を持った営みなのです※2。

ですから、日本国憲法では、保護する子女に義務教育を受けさせる義務を課し、その義務教育は無償、つまりは税金で行うとしているのです※3。

※2　168頁のユネスコの「学習権宣言」を参照して下さい。

※3　『日本国憲法』(第二六条)

1　すべて国民は、法律の定めるところにより、その能力に応じて、ひとしく教育を受ける権利を有する。

2　すべて国民は、法律の定めるところにより、その保護する子女に普通教育を受けさせる義務を負ふ。義務教育は、これを無償とする。

第2章

教師になるには

現在、日本の公立学校の教師になるための一般的な道筋を確認してみましょう。簡単に言うと、教員免許状を取得して、教員採用試験に合格するとなれるわけです。つまり、教員免許状を手に入れることが大前提ですが、免許を取得するだけでは教師にはなれないということです。その後、都道府県の教育委員会等が主催する教員採用試験に合格しなければなりません。

免許とは

まず、免許から考えてみましょう。

免許というものは、「本来やってはいけないものを、資格を有するものにそれを行うことを認める」というものです。たとえば、医者は手術をしたりします。人の体にメスを入れて傷つけるわけです。本来なら傷害罪です。ですが、医師免許を持っている人は、これが許されるわけです。

教師という仕事も、本来やってはいけないものですが、免許状を持つことでやっていい仕事だという、責任の重さを理解してほしいと思います。

【参考】

免許や資格にもいろいろな種類があります。役割に応じて大きく4つの種類があります。

ａ　取得するだけで仕事を始めて良い免許

医師免許、公認会計士免許、税理士免許などです。もちろん、いきなりではなく研修する期間が必要ですが、制度の上ではすぐに開業しても大丈夫です。

ｂ　取得後、採用試験を受けて仕事を始められる免許

ここに教員免許が入りますね。採用する側が必要かどうかを判断します。他には、美容師、看護師、飛行機操縦士などがあります。

ｃ　取得すると、仕事上、有利になることが予測される免許や資格。持っていないと不利になる免許や資格。

運転免許、危険物取り扱い免許、システムアドミニストレーター免許、情報処

理免許などです。時代の要請によって価値が変わりやすいものです。

d　取得すると、趣味の世界が広がるだろう免許や資格

スキューバダイビングライセンス、鉄道検定、スキーバッチテストなどです。持っていると同じ趣味を持っている人の中では尊敬されることもありますね。

また、中には進学に有利に働くかもしれない英語検定、漢字検定などの免許もありますが。

教員免許状を取得する

では、この教員免許状を取得するには、どうしたらいいのでしょうか。一般的には、あなたが希望する校種（幼稚園、小学校、中学校、高等学校）の教科の教員免許状を取得できる課程のある大学に進学するのが良いでしょう。平成22年（２０１０年）５

月現在、教員免許状を取得することのできる大学と短大は合計して、全国に855校あります。

幼稚園の先生と小学校の先生で、また、二種免許の中学校の先生であれば短期大学でも免許を取得することはできますが、後ほどお話するように教師の仕事は多岐に渡りますし、さまざまな知識や経験も必要ですので、四年制大学をお勧めします※4。

大学の授業は単位を取得することで学びを行います。90分の授業を15回受けて、その授業の試験に合格すると2単位とれるのが一般的です。大学では124単位を卒業までに必要とします。四年制の大学で取得することのできる教員の免許状は「一種免許状」というものですが、この免許のためには59単位が必要になります。卒業に必要な124単位のなかに含まれることが多いですが、理科系の免許は含まれないことが多いので、取得は比較的大変です※5。

大学の授業は

大学での授業は基礎科目と専門科目に分かれるのが一般的です。基礎科目は専門科目を学ぶための土台となる科目です。教師という仕事に就くためには、膨大な知識が必要になります。簡単に言えば、小学生や中学生からの質問にはすべて答えられるぐらいの知識が必要です。大学センター試験を全教科80点以上取るぐらいの知識は欲しいですし、漫画、コンピューターゲーム、ファッションなど、子ども文化に関しての知識も必要です。さらに、「つまらない、分からない、できない」と言っている子どもたちを「おもしろい、分かった、できた！」というところに導く指導力も必要です。

もちろん、これらを大学の授業だけで手に入れることは難しく、地域や学校でのボランティア、塾でのアルバイト、家庭教師から始まり※6、読書、旅、ものづくりなどを通して指導の技術を磨き、人間の魅力そのものを磨く努力もしなければなりません。そして、これは教師という素晴らしい仕事を手に入れた人の責任として、一生続けていかなければならないことでもあります。

ではありますが、その最初の部分をきちんと大学で学ぶことはとても意味があるでしょう。

たとえば、基礎科目には

「子ども理解」という授業があります。私もみなさんも子どもだった頃があります。ですから、子どもの理解なんて別に難しくないと思うかもしれません。では、この子の考えていることはわかるでしょうか。

家本芳郎先生の『〈教育力〉をみがく』(子どもの未来社)という本に載っている話です。読み上げてみましょう。

ある小学校の朝の会で、花壇係の教師が、「学級担任にお知らせがあります」とつぎのようなお願いをした。

「今日は雨が降っていますが、先日の雨の日、傘をさして学級花壇に水やりをしている子どもがいました。とてもすなおな係活動に忠実な子どもですが、なんのために水をやるのか、よく教えてほしいと思います」

聞いていた多くの教師は失笑しながら「まったく、いまの子は」と半ばあきれ顔になった。

(中略)

さて、このお知らせを受けて、低学年の教師は朝の会で、「今日は雨が降っていますが、花壇に水をやったほうがいいでしょうか。…そうですね。雨の日は水やりをしなくていいんですよね」。

高学年の教師のなかには「今日、花壇に水をやるバカはこの学級にはいないよな」こんなことをいった例もある。

ところが、ここに、一年生を担任している一人のベテラン教師がいて、

「しかし、なぜ、雨の日に水をやるのだろうか。教師の指示だからやっているとは

思えない」と感じた。朝の会では、係からのお知らせを無視して、子どもたちにはなんの指導もしなかった。

花壇の水やりは昼休みにおこなう。給食の後、みていると、係の子どもが、じょうろに水道の水をいっぱい入れ、赤い傘をさして、学級花壇に運び、水をかけはじめた。

教師はそっと近づいていって聞いた。

「雨が降っているのに、どうして水やりしたの」

みなさん答えを考えましたか？ 正解を見る前に考えてみてくださいね。

その子どもの答えは、

「だって、先生。雨の水よりも、水道の水のほうがきれいなんだもの。きっと、きれいな花が咲くよ」

教師はこの言葉に深く感動して立ちすくみ、いうべき言葉を失ったという。

私はこの部分を読んでとても心が揺さぶられました。

(ああ、そうだよな、そうだよな。子どもは子どもの理解の仕方で世界を理解しているんだよな。大人の、教師の見方だけで子どもを見てはいけないんだよな。子どもの側からも世界を見なければならんのだよな)

と。


子どもを理解するということは、子どもの側から見える世界、子どもが理解している考え方というものを理解するということなのです。「子ども理解」という基礎科目の授業一つをとってみても、教育に関わる人間には学ばなければならないことがたくさんあると理解できましたでしょうか。

本を読む

私の勧める京都橘大学人間発達学部児童教育学科では、教師を目指す学生諸君に本を読むことを強く勧めています。というより、本を読まない人は教師になってはいけません。映画や漫画、コンピュータゲームにインターネットなど情報を手に入れる手段はいろいろとありますが、それはそれとして本を読まない人は教師になってはいけないと考えています。

なぜならば、本は作者との対話、自分との対話ができるからです※7。これができるということは、考えを深めることができるということです。子どもという人間を相手にする仕事に就く人は、考える訓練を日々行わなければならないと考えるからです。

では、どのぐらいの分量を読んだら良いのでしょうか。できるだけ多くというのが答えですが、私の大学では学生たちに、1年間で100冊。または4年間で120cm

の厚さ、または、１００kgの重さの本という指示を出しています。

１２０cmというのは、教師が教室で授業を行う時に最前列に座っている学生との距離のことを指しています。学生の側から教師の側に来るには年間に30cmの本を４年間読み続けることを求めています。

１００kgの本というのは、どれぐらいだと思いますか。本というものは、新書サイズだとだいたい1冊が１５０ｇぐらいで、ハードカバーだと２５０ｇぐらいになります。年間に25kgぐらい読むと、１００冊になり、４年間で１００kgになると言うことです。ちなみに、本学には図書のスペースに「はかり」も置いてあります。

具体的な数字があると分かりやすいでしょ？　ま、とにかく、読みまくってください。

教員採用試験に合格する

一般的には、大学4年生の夏に教員採用試験を受けることになります。それまでに教育実習を終わらせていることが多いです。大学で学んできたことと、実際に学校教育現場で実習を通して得たものをもとに、試験に挑みます※8。

15年ほど前までは教員採用試験は、司法試験よりも合格が難しいのではないかといわれるぐらいでした。子どもの数が増えず、退職する先生が少ないので、新人の先生を採用する教育委員会が少なかったのです。しかし、いわゆる団塊の世代が大量に退職する2007年問題などの影響で、大都市部を中心にして新規採用が大幅に伸びています。伸びているだけではなく足りなくなってきていると言えるのではないでしょうか。

それが証拠に、東京都教育委員会は平成19年度の小学校の教員採用試験の問題では一般教養とピアノ実技を削除しました。1000人の募集ですから、これは穿った見方をすると、このようにしないと人が集まらないのではないかという現れではないかとも思います。平成23年度の実質倍率は2・7倍です。ちなみに、大阪府は平成23年度は小学校で850人の募集をしています。実質倍率は3・4倍でした。

このように受験者の倍率は非常に低くなってきていますが、それは採用数が多くなったことが主な原因であって、試験そのものが簡単になったということではありません。

合格に必要な勉強時間

では、どのぐらい勉強すれば良いのでしょうか。一般的には教員採用試験のための受験勉強の時間は、2000時間程度必要だと言われています。これは1日に4時間勉強をするとして、500日必要になります。採用試験は、大学に入学して1200日目ぐらいに行われますので、大学2年生の終わりの春休みぐらいから始めてちょうど良いというぐらいになります。

では、何を勉強するのかと言えば大きく5つあります。一般教養、教職教養、専門教養、小論文、面接（模擬授業）です。この5つの中から一次試験では3つ程度、二次試験では1つか2つが出題されます。

一般教養とは、簡単に言うと大学センター試験のようなものです。レベル的にも大学センター試験と似ています。80％程度の得点が望まれます。教職教養とは、教員として知っておかなければならない法律、子どもの心理、教育に関する基礎的な知識などが問われます。専門教養とは、中学・高校の教員には必要なもので、自分が専門として教える教科の科目の試験です。国語科の教師を目指すのであれば、国語科が専門教養の受験科目になります。小論文は教育をテーマとする課題について60分で1200字程度書きます。面接は、個人で行うもの、集団で行うものがあり、試験官を生徒役に見立てた模擬授業を課すところもあります。

教師は、幅広い知識と豊かな人間性が求められる職業です。十分な勉強が必要になります。

プロの教師になる

晴れて教員採用試験に合格し、4月から先生としてスタートを切ることができたとしましょう※9。「これですべて終わり」ということにはなりません。形式的にも実質的にも先生としてはまだまだ生まれたばかりの雛です。ここから立派に成長していかなければなりません。そうでなければ、先生だけではなく、子どもも、社会も、保護者もみんな不幸になります。

教師という仕事は、極めて特殊です。一般の仕事と違って、4月に教師になった瞬間に、もう一人前の仕事を任されます。小学校の先生であれば、まず間違いなく担任の仕事をします。4月1日に採用され、その週には始業式、入学式があり、クラス担任として掃除や給食の指導などのクラス運営を任され、当然授業も毎日あります。

やっと一息ついたゴールデンウィークがあければ、授業参観に保護者会、遠足に運動会……と続くわけです。この仕事を新人の担任も一人でやって行くことになります。

ちなみに、これは問題のないクラスを担当した場合であり、通常はこれに生徒指導、保護者からのクレーム対応、地域の見回りやらなんやら。中学校、高等学校ではクラブ指導もありまして、ゴールデンウィークに休むというのは難しくなっております。もちろん、平日の有給休暇やクラブ指導の代休なんてのは、まあ、無理ですね。このような状況の中で、日々の仕事を進めながら教師という仕事内容を身につけていきます。

一般企業であれば、1～2ヵ月は研修と言って、職場を離れて仕事を覚えるための時間と機会を与えられますし、現場に戻っても先輩について仕事を覚えていきます。一人でやるなんてことはまずありません。むしろ、やらせてもらえません。

しかし、教師は1年間の試用期間があったとしても、一人前の先生です。最近ではこの状況が大変だということで、新人の先生のための指導教員がついたり、新人のための研修などがあります。ま、これらが却って新人の先生の多忙化を招いたりするとも言われていますが。

私が教師になった頃は、新人の教師は、授業とクラスとクラブだけ指導していれば、他のことは、まあ許されていました。

「3年間かけて中1から中3まで担当して少しずつ仕事を覚えてね」という雰囲気でした。しかし、今はベテランがどんどん退職していますから、そんなゆとりはありません。

さらに、教師になってからも2年目、5年目、10年目と研修があり、これからは教員免許状の更新制度が始まりました。採用試験が終わったらおしまいではないのです。そこからが本当の始まりなのです。

どのぐらいの時間が

このような状況の中であっても、教師の道を選んだのであれば「プロの教師」を目指してほしいと思います。日垣隆さんの『すぐに稼げる文章術』(幻冬舎)という本には、プロになるためには1万時間が必要だと書かれています。

教師の仕事は授業だけではありませんが、仮に授業だけで考えてみたとしてどうなるか計算してみましょう。1日に6時間の授業を月曜日から金曜日までするとすれば、1週間で30時間ですね。春休み、夏休み、冬休みを合計すると大体2ヵ月ですので、これを引いたとして、1年間に授業できるのは10ヵ月。40週ですね。となると、仮に授業だけとしてもプロになるには8年3ヵ月ぐらいかかる計算になります。

もちろん、授業の準備や研修への参加、読書や自分で選んで参加する研究会などで学ぶ時間も含めていいと思いますので、もっと短くなるとは思います。が、要は、繰り返しますが、合格はスタートでしかないということを理解してください。

ちなみに、中学校の教師をしていた私の実感、また仲間の先生たちに聞いた話からすると、中学校の教師の仕事全体を10とすると、授業の占める割合は3ぐらい。つまり、授業は3割でしかないという答えがあることも伝えておきます。

「教師になる」ということが少し分かってきたでしょうか。

食指導、掃除指導、提出物、忘れ物、いじめ、喧嘩、掲示物、名表、名前シール、下駄箱管理などの指導。

②学級通信、指導要録、指導抄本、通知表などの作成。

(イ)生徒会・専門委員会

①「生徒総会、生徒会、ボランティア活動、図書室管理、放送室運営、生活チェック、学校美化、衛生管理などの委員会指導、朝礼運営、生徒会主催行事」などの企画、立案、運営、指導、片付け、反省。

(ウ)学校行事・儀式

①「入学式、卒業式、始業式、終業式、遠足、移動教室、修学旅行、体育大会、合唱コンクール、文化祭、地域訪問、家庭訪問、職業体験、芸術鑑賞会、球技大会、水泳大会、マラソン大会、席書大会、百人一首大会、ディベート大会、討論会」などの企画、立案、運営、指導、片付け、反省。

(エ)クラブ活動

①朝練、昼練、放課後練習、土日の練習、土日の試合、春休み、夏休み、冬休みの練習。クラブ会計管理。保護者対応、事故防止。

3．生徒指導

(ア)生徒・生活指導

①喫煙、飲酒、薬物、不純異性交遊、危険物持ち込み、万引き、窃盗、暴力などへの対応。

②いじめ、からかい、喧嘩、盗難、持ち物隠しなどへの対応。

資料

中学校教諭の仕事一覧

大きな学校では一人の教諭が数種類の仕事を任されることになるが、中小規模の学校では、一人で何役もの仕事を抱えることになる。

1．学習指導

(ア)教科指導

①教材研究、授業、宿題、試験問題づくり、印刷、採点、評価、評定、記録。

②研究授業、教材開発、年間指導計画、評価の要点、教科通信、指導要録、教科係生徒指導、打ち合わせなど。

(イ)道徳指導

①教材研究、授業、宿題、指導案づくり、印刷、評価、記録。

②研究授業、教材開発、年間指導計画、評価の要点、教科係生徒指導、打ち合わせなど。

(ウ)総合的な学習の時間

①教材研究、授業、宿題、指導案づくり、印刷、評価、所見、記録。

②研究授業、教材開発、年間指導計画、評価の要点、教科係生徒指導、打ち合わせなど。

2．特別活動

(ア)学級・ホームルーム活動

①班長会、プロジェクトクトチーム、ボランティア活動、係活動、教科係活動、朝と帰りの学活、給

５．研究・研修

㋐校内研修／校外研修

①単年度、３ヵ年などの単位で、校内の課題を解決する為の研修を、企画立案、運営、反省という流れで研修会を開き、職員の質的向上を図る。

②校内研修部便りの作成。

③職場を離れて、夏休み等に教育センターなどで研修を受ける。

④初任者研修、５年次研修、10年次研修、キャリアアップ研修、長期派遣研修、14条特例研修などもある。

㋑授業研究

①各教員が、自らの課題を設定し、新しい授業方法の開発等を目標に行う研究。

㋒指定研究

①国、都道府県、市などの教育委員会から委託された研究を、学校全体で行っていく研究。企画立案、運営、発表会、研究紀要の執筆などがセットである。

６．その他

㋐PTA

①研修、地域、会報などの部にわかれて、保護者が学校運営に関わるものに、教員としても参加する。保護者と教師のアソシエーションである。

㋑地域

①地域の夏祭り見回り、盆踊りへの参加、ボランティア活動への参加など。

③家庭への協力、アドヴァイス、保護者指導。
④地域教育団体への協力と支援。
⑤二者面談、三者面談。
(イ)進路指導
①高校訪問、高校から訪問に対する応対。
②校内用の資料づくり、資料配布、資料掲示。
③高校の先生による模擬授業会。
④二者面談、三者面談。
⑤高校提出用の書類づくり。
⑥卒業証書制作。
(ウ)教育相談
①カウンセリング、相談への対応。
②警察、医療機関、福祉施設、保健所等との連携。
③学校カウンセラーとの連携。

4．学校運営
(ア)学年・学級運営
①学年会、経営委員会。
(イ)担当校務分掌
①教務、生活、保健、事務、美化等の委員会。
②パソコン室管理、図書室管理、保健室管理など。
(ウ)担当委員会
①専門委員会
体育的行事委員会、文化的行事委員会。
②特別委員会
IT推進委員会、道徳研究委員会、国語力向上委員会など。
③学校評議会

相手が子どもだから

とある高校で幼稚園の先生や小学校の先生を目指す生徒を相手に、この仕事の大切さを話しました。そのあとの感想文に次のようなものがありました。

今日まで、保育園や小学校の先生は、相手は小さな子どもだからそんなに勉強しなくても大丈夫。子どもより知識はあるから、私でも大丈夫だと思っていました。

もし、そんな風に思って幼稚園や小学校の先生になろうとしているのであれば、その考え方を改めなければなりません。全く逆です。

君たちは授業中に具合が悪くなったら、

「先生、ちょっと、調子が悪いので保健室に行ってきていいですか？」

と聞けますよね、ところが、もし君が相手にしているのが上手く言葉を話すことのできない乳児や幼児だったらどうなるでしょうか。君たちが子どもの顔色を見て

（あれ、何かおかしい）

と判断しなければなりません、その判断ミスが命に関わることもあります。

さらに、鉛筆の持ち方、本を読む姿勢、箸の使い方、口癖、黒板に書かれた字。小学校低学年の子どもたちは、君たちのするように真似をします。君たちがきちんとしたやり方をしていないと、悪い癖がすべて子どもたちに乗り移ります。どうせなら、良い癖を移してあげたいですよね。

教育に関わる者は、相手の年齢が低いからとか高いからとかで、楽だとか大変だとかはあまり考えないほうが良いでしょう。どの年齢の子どもも大変だし、やりがいがあります。

なぜ、教師という仕事を選んだのか

ここで、私が教師という仕事を選んだ理由を話してみたいと思います。

「先生はなんで、先生を選んだのですか？」
「先生はなぜ、中学校をやめて大学の先生になられたのですか？」
と生徒や学生に質問されることで、このごろ改めて考えるようになりました。

私は、比較的「先生運」が良かったんです。小学校の時は1年生から6年生まで素晴らしい先生に出会えました。高校の時も、大学の時も恩師と呼べる先生に出会いました。ところが、中学校だけはちょっと悲しい出会いが多かったんですね。

中学校の3年生の2学期、担任との三者面談の時に
『僕は、○○高校と△△高校を受けます』
と話したら、母親のいる前で
「池田君は、落ちても立ち直りが早いからね」
と言われました。

ぶち切れそうになりましたが、

（ははあ、この先生はこうやってオレにやる気を植え付けているんだな。おーし、受かってやろうじゃないの）

と思って勉強しました。可愛いですね、中学生の私。

そして、見事両方とも合格して

『先生、御陰さまで合格しました』

と報告したら

「あら、受かったの!?」

と言われてしまいました。そんな不幸な時代でした。

ですが、先生運は8割以上良かったと思っていました。そんな私は、

（いままでたくさんの良いものを私は貰ってきた。これを私一人だけで持っているのはもったいないなあ。そうだ、教師になれば貰ったものを分けてあげられる）

と単純に思ったのです。

なぜ、中学校か

そんな思いで教員を目指し、高校で教育実習をしました。一回目の教員採用試験で不合格の結果が出たあと、その秋に行いました。高校1年生相手に、初日から怒りまくっていました。

『忘れ物は、人間なら仕方がない。だけど、忘れ物をしたという申し訳なさがその行動には感じられない。それでは駄目だ！』

なんてね。

2週間の実習の最後に生徒にアンケートを書いてもらったのですが、そこにいくつかこんな感想があったのです。

「先生は、来年うちの学校に戻ってきてほしいと思う。でも、戻ってきてほしいと思うけど、先生が向いているのは中学校だと思う」

というものです。一人だけではなく、複数の高校1年生が書いてくれました。

（ふーん、そうか。ま、生徒がそういうならそうなんだろうな。よし、来年は中学にしよう）

そして、高校の教師をやめて中学校に変えました。その時は、これが大きな決断になっているとは、全く思いませんでした※10。

お前一人ぐらい

中学校の教師になることを決心したものの、実はまだ揺れていました。

（オレのようなものが、教師なんていう仕事に就いていいのだろうか。もっと真面目でもっと几帳面な奴がならないと、教育という仕事はしてはいけないのではないだろうか）

と思ったりもしていました。

その思いを大学の恩師、竹内常一先生にぶつけてみました。先生は、ニヤリと笑われて

「お前のような奴ばかりが学校にいたら、学校はおかしくなるが、お前のような奴が一人もいない学校は生徒がつまらないだろうなあ」

とおっしゃいました。

私は、もう迷うのを止めました。

「なる」と決めて勉強しました。翌年の採用試験で合格しました。

なぜ、大学か

平成15年（2003年）に私は大学院設置基準14条特例という制度を活用して、給料をもらいながら大学院で学べるというチャンスを得ました。東京都の場合は大学院の授業料は自分で払うのですが、それにしたって中学校の仕事を離れ、まるまる1年間大学院で学べるというのはとても幸せなことでした。

大学院で授業を受けている時に、

「池田先生、学部の授業を少しやってもらえませんか」

のような話になりました。
ま、折角の機会なのでディベートの授業をやることになりました。本音を言えば
（なんで授業料を払っているのに、授業するんだよ）
という思いもありましたが（笑）。

しかし、ここでも私の人生を変えてくれる感想文に出会いました。

授業が終わってから学生に感想文を書いてもらうと、

「先生、来年うちの大学に戻ってきて授業をしてください」

という感想を複数の学生さんから貰うことができました。

（そんな簡単に大学の先生になれるわけないでしょ。君、ここは学芸大学だよ）

と驚くやら嬉しいやらの思いでした。ですが、

（あれ、これはどこかで見た風景だな）

と思いました。そうです、教育実習の時、高校生から貰った感想です。高校生は中学校に行けと言い、大学生は大学に来いと言う感想を書いてくれました。

（うーむ。そうなのか、そうなのか）

と思うようになりました。

教育はラグビー

実は私は、教育はラグビーに似ていると思っています。ラグビーというスポーツは、楕円形のボールを持ってパスをしたり蹴っ飛ばしたりしながら、相手の陣地の奥深くにチームで攻め込むスポーツです。

なんでこれが教育に似ているのでしょうか。実は、ラグビーで行われるパスは、後ろにしか投げることが許されていないのです。前に投げるとルール違反なのです。

私は、今までにいろいろな先生方にさまざまな宝物をもらってきたと思っています。直接指導を受けた先生もいれば、本の中だけの先生やブログから学ばせてもらっている先生、お名前を知った時にはすでに亡くなられていた先生まで様々です。「ボール」をパスされて、私なりに前に進んで行きました。

学級担任をしている時は、まず先頭を走り、そして左右の後ろを確認して、学級委員や班長、またボールを受け止めて走りそうな生徒を見つけてパスをして、彼らを走らせ、後ろで倒れている生徒を起こして、とやってきました。

パスは前にはできません。それが教育です。学級で、授業で私は自分が受け取り学んだものを生徒に伝える仕事にやりがいと喜びを得ていました。

ところが、大学で学生たちに
「先生、来年うちの大学に戻ってきて授業をしてください」

と言われた時、

（あ、そうなのか。私がボールを送る相手は、中学生ではなく、これから教師になろうとする学生たちに変わったのかもしれない）

と思ったのです。

恩送り

いろいろな先生方から戴いたものに対して、恩返しをするなんてことを考えているわけではありません。私が恩を返せるほど、先生方は小さいものではありません。そもそも、もう亡くなられている方にはどうやっても返すことはできません。

しかし、日本語には恩返しならぬ、「恩送り」という言葉があります。恩は返すものではなく、次の世代に送るものだという発想です。

この考えを知った時

（をを！　私は教育はラグビーに似ていると思っているけど、恩送りも同じ発想だなあ）

と嬉しく思いました。

これが私が教師を目指し、その後大学の教師になったいきさつです。

教師に向いている人

教師を目指す理由の一つに、「子どもが好きだから」というものが良くあります。私も教師になるときは、子どもが好きなのではないかと思っていました。ですが、教師になってみて思ったのは、

（私が好きなのは子どもではなく、子どもを大人に育てるのが好きなのだ）

ということでした。

子どもが好きだから教師になるというのは、ま、正しいのでしょうけど、それだけでは駄目なような気もしています。子どもが好きな教師は、子どもを子どものままにしてしまいがちです。子どもの良さを受け入れつつ、子どもを大人に育てる仕事に就きたいと思える人が教師になるのがいいのではないでしょうか。ちょっと心に留めておいてもらえると良いかなと思います。

さらに教育、教師の仕事とは

もう一つ考えておいてほしいことがあります。教育という仕事は、テレビドラマのように簡単には上手くいかないということです。学生たちに
『教育って何だと思う？』
と聞くと
「先生、やっぱり愛ではないでしょうか」
なんて答えが返ってくることがあります。もちろん、これも間違いではないと思うのですが、私は、「かったるくて、めんどうくさくて、しんどいもの」という実感があります。やってもやってもやってもダメで、時々上手くいくものという言い方でも良いかもしれません。

私は能天気なので、時々学生たちにこんな風に質問されます。
「先生、教師の仕事は大変だと聞いていましたが、先生の教育を聞いていると大変で

はなさそうに聞こえます。大変ではないのですか？」

『はい、大変ではありませんよ』

「そうなんですか」

『はい、大変ではなくて、とっても大変なのですよ』

と答えます。とっても大変な仕事なのですが、それを上回ると――――ってもいい瞬間が時々生まれます。だから、辞められないのですが、最近ではこの「それを上回ると――――ってもいい瞬間」に出会うことなく、大変なだけで辞めてしまう若い先生が多く、残念に思っています。

折角こんなに良い仕事に就くのだから、みなさんには実力を付けて「それを上回ると――――ってもいい瞬間」に出会ってほしいと思います。

どの校種が良いのか

私は先ほどお話した通り、最初は高校の国語の教師を目指しました。高校の書道の教員免許も持っていたので、どちらも教えられたら良いなあと思っていたわけです。

ですが、教育実習での出会いがあり、中学校に希望を変えて、そこで教師になりました。

さて、みなさんはどのような規準で校種を決めたのでしょうか。または決めたら良いのでしょうか。私は教員の仕事内容から、次のように考えています。3つのたとえ話をします。

1つ目。

たとえば、自転車に子どもが乗ろうとしています。上手くこげずに、転がったりしています。その時に、補助輪を付けてあげることがあります。これが小学校の先生の仕事ではないかと。子どもが自分で進もうとする時、その補助輪を付けたり、付け方を教えるのが、小学校の先生の仕事です。

中学校の先生は、この補助輪を外す仕事です。または、外し方を教える仕事と言って良いでしょう。自分の力でまっすぐに進み、カーブでも安定して走ることができるようになるためには、補助輪は却って邪魔になります。外すのは怖いかもしれませんが、自転車に乗るとはそういうことです。つまり、本格的な自立に向けての一歩目を踏み出させるというわけです。

高校の先生は、自転車と自分の関係をきちんと理解させるようにします。自転車をメインテナンスさせ、運転する自分とは何者なのかを考えさせます。また、場合によっては自転車から自動車への乗り換えを求め、運転の技術や心構えについて高い質を求めて行きます。

2つ目。

今度は子どもの側から見てみましょう。

小学校にいる子どもたちは、山の中に隠れている宝石の原石という言い方ができます。自分が何ものかがわからない。この山の中に埋もれている原石を取り出す、または出てきやすいように工夫していくのが小学校の先生。

中学校は、自分が何の原石なのかを理解させ、磨くことを求めます。先生が磨くこともありますが、この原石は学級や学校、さらにはクラブや仲間という集団を通して磨き合うことができます。これを指導し支援するのが中学校の先生。

高校は、磨かれた宝石をどの用途に使うのかを考えさせる場所。もし、ダイヤの原石であれば、指輪、ネックレスなどの装飾品になることもありますし、カッターの刃になることもあります。自らがどの方向に進むのかを見守り、指導支援するのが高校の先生。

3つ目。

具体的な指導の面で見てみましょう。作文の添削です。小学校では、子どもたちが書いてきた作文について不十分である場合は、（ああ、この子はこういうことが言いたいんだな）と読み取って、そのことを赤ペンで書いてあげることがあります。言葉足らずの部分に、「このように書くことができる」と具体例を示します。

中学校では、同じく不十分な作文を手にしたとき（ああ、この子はこういうことが言いたいんだな）と読み取りつつも、『良くわからないから書き直しなさい』と指示します。「言いたいことがあるなら、誰にでも分かるように書けるようになれ」と指導するのです。

高校では、（ああ、この子はこういうことが言いたいんだな）と読み取りつつも、『それでは、これに対する反対意見にはどんなものがある？』と生徒の「視野をさらに広げ、考えを深めよう」と指示を出します。

以上の３つの例などを参考にして貰えると嬉しいです。ですが、繰り返しになりますが、私は、実習先で子どもに、つまり直接指導を受ける当事者に決めてもらえたので、非常にラッキーだったと思っています。子どもたちと触れ合って、子どもたちに聞いてみるというのも実はとても大事かもしれませんね[※11]。

※4　スペシャルな技としては、大学で免許状を取得しなくとも、一発試験というのがあります。幼稚園、小学校、特別支援学校の教員免許状であれば文部科学省の実施する教員資格認定試験を受けてこれに合格すれば、免許状を取得することもできます。詳しくは文部科学省のホームページ「教員を目指す皆さんへ」(http://www.mext.go.jp/a_menu/shotou/kyoin/main13_a2.htm) を参考にしてください。ただし、合格率は一割程度です。

※5　小学校の免許を取得するためには、大学卒業に必要な124単位が最低必要です。しかし、大学ごとにカリキュラムの組み方が違う場合があり、それ以上の単位が必要になる場合もあります。

※6　私は大学時代に4年間進学塾で中学生と小学生を教えていました。また、時々家庭教師もしていました。教師になるためには非常に良い経験でした。

※7　学ぶ者にとっての読書の意義については『大学授業入門』「第7章　読書」（宇佐美寛東信堂）にわかりやすく書かれています。

※8　大都市部の地方自治体では教師不足のいま、一種青田刈りではないかと思われるようなこともしております。東京では東京教師養成塾という東京都教育委員会の主催する塾に1年間通ったものは、採用試験は面接のみとしています。また、大阪府や広島県では大学院の1年目に採用試験を受けて合格したものは、採用を2年後まで待つということもしています。他にもさまざまな条件をつけて優秀な教師候補を採用する方針を出しています。

※9　非常勤講師、常勤講師、産休代替教師という形で教師として活躍する方法もありますが、教師を仕事としてやっていくためには、専任になることをお勧めします。

※10　当時の東京都の教員採用試験は、中学校と高等学校と別でした。

※11　現実の学校では、中学校であっても小学校のような精神的成長段階にとどまる生徒や、学力が不十分な生徒もいます。その場合には、生徒の事実まで下りて行き、そこから指導を始めます。教師には幅広い指導法を身に付ける必要があります。

第3章

いま何をしたらいいのか

あなたが教師を目指している生徒、学生さんなら、私は「挑戦」と「やりきる経験を積むこと」を勧めます。体力の限界でもいいですし、知力の限界でもいいし、遊びの限界でも良いと思います。そして、ちょっとだけ贅沢を言えば、自分ができなかったことができるようになる経験が、生徒、学生の時代に一つでもできたらいいなあと思います。

私の経験でお話しようと思いますが、正直言って、私は中高の時代には真剣に教師を目指していたわけではありません。なんとなくでした。ですので、結果としてあれが良かったんだなあと言うような話になることを初めにお断りしておきます。

「ハクヒョウを踏む」がきっかけ

挑戦したのは漢字と読書でした。まずは、漢字の話から。国語の教師になるぐらいですから、漢字は得意だったと思われるかもしれませんが、そんなに得意だったわけでもありません。ただ、中学校の2年生のときにちょっとしたことがあって、集中してやりました。

中学校2年生の時の国語の授業がつまらなかったんです。悲しくなるぐらいに。でも、授業をさぼるわけにもいかなかったので、私は授業中に辞書に載っている漢字の画数の多い順に覚えることにしました。だから「憂鬱」とか「親鸞」とか書けていたのです（笑）。

そんなところに、畑正憲さんの『ムツゴロウの青春記』（文藝春秋）という本を読んでいたら、畑さんが高校2年生の時に「解析概論」という大学生の使う数学の教科書を解いていて、そしたら高校の数学の教科書が簡単に思えたというような文章を見つけたのです。

単純な私は、

（おし、じゃあ私もやろう。数学は無理だけど漢字なら大丈夫だろう）

という思いで、『「漢字」に強くなる本』（學燈社）という大学受験用の漢字練習ドリルを買ってきたんですね。５００円でした。生意気ですね。中学校2年生が大学受験用の問題集を買ってくるのですから。

で、忘れもしません。最初の問題は「ハクヒョウを踏む思い」というものでした。腕試しの簡単な練習問題の最初の問題がこれです。みなさん、この「ハクヒョウ」ってなんだかわかりますか？

「白鳥」の間違いではありません。「白票」「白豹」と思い出してみても意味は通じません。

(「白豹」は「滅多に出会わないけど、踏んだら怖い」という意味かな)なんて勝手に思っていましたが。

答えを見ると「薄氷を踏む」でした。これを見て私は(ちくしょう!)と思ったんですね。中学2年生なのに、馬鹿ですね。でも、こう思えるのが若者の特権。それからその問題集が真っ黒になるまでやり続けました。だから、中学校3年生の時は、漢字で悩むことはなかったです。ええ、数学にはさんざん悩まされましたが、集中して勉強をするという経験はしておいた方が良いですね。

やりきる

人間は一生のうちにどのぐらい本を読めると思いますか？　芥川龍之介が計算して

がっかりしたということを読んだことがありますけど、みなさんはどうでしょうか。例えば、15歳から65歳までの50年間、1年を50週として、1週間に1冊読むと？　一生に50×50で、２５００冊です。私は
（えー、そんだけしか読めないの！）
と思ってがっかりしました。

で、高校2年生の時に、

（1年間でどれだけ読めるか挑戦してみよう）

と決めて読んでみました。文庫本で１７４冊だったと思います。その当時の私の限界でしたね。でも、それはやりきったという思いを強く得ることができました。なんというか、子どもを指導していて
（あ、この子はまだやりきっていないな。自分に甘く手を抜いているな）

というのが分かるんですね。やりきることでしか手に入れられないことや、次に進めないことってあるんです。これを子どもに指導することは、大切なのです。この指導

のために、この時の経験が生きているのかなと思います。

先輩音痴ですね

子どもを見る時に、大事にしなければならないのは、授業中の姿だけではなく、その子どもが好きなことをやっている時の姿も見るということです。人間はやらなければならないことをやっている時と、やりたいことをやっている時、やってはいけないことを我慢している時の3つからできていると私は思っています。

教師はどうしても授業中の姿を中心にして子どもを見てしまいがちですが、子どもが好きなことをしている時の姿もしっかり見たいものです。

私は音楽が好きで、一時期は歌手になりたいなあと思っていたこともありました。そんな私ですが、実はもの凄い音痴だったのです。高校2年生になった春、フォークソングクラブでギターを弾いて歌を歌っていたところ、

1年生の女子に

「先輩って、音痴ですね」

と面と向かって言われてしまいました。

（はあ？）

と思って聞き流していたのですが、録音してみると、やはり音痴。録音機材の電池切れではないかと思って電池を入れ直しても、カセットテープを新品にしても残念ながら、音痴でした。

そこから1年間かけて私は音痴を直しました。歌詞を紙に書き、歌い、録音し、音がズレているところを再び紙に書き込み、徹底的に直す。1曲に3ヵ月ぐらいかかることもありました。上手く歌えるようになったという感覚は、本当にいいものでした。私の高校2年生は、本を読んで音痴を直していた1年になりますね。

1年後、同じ1年生の女子に

「先輩うまいですね」

と言われた時は、なんとも言えなかったですね。

その、なんと言いましょうかね、ブレークスルーというのでしょうか、「突き抜けた感」を実感してほしいのです。私は英語もできませんでしたが、予備校に通っていた19歳の時に
(あれ、なんでこんな簡単なのが分からなかったの?)

となったことがあります。thatや前置詞の使い方が分かった時に突然英語が分かりました。その時に感じた感覚は、歌がうまく歌えるようになった時と同じようなものでした。教師をしていて子どもたちに指導する時に、このブレークスルーを体験しているかどうかというのも大きいと思います。子どもたちにこれを体験させてあげるためにも、まず、自分が体験しておくことが大事です。

それは勉強でなくても構いません。自分の好きなことを突き詰めて、壁にぶつかっ

て、その壁を乗り越えるか、打ち壊すか、それを体験するってのが大事なんです。

ま、いろいろな子どもの相手をするのですから、どんな経験であっても教師になるために無駄な経験はありません。が、自分の限界を乗り越える経験ができればいいなあと思っています。

第4章

教師の魅力

教育を学校教育の中で具体的に担うのが教師という仕事です。教師を目指すみなさんですから、この仕事の魅力についてはいろいろ感じていることでしょう。私の方で整理すると、教師の魅力は3つぐらいあると思っています。

❶ 成長する人間のそばにいる・成長を促せる

教師という仕事そのものの魅力は何かと問われれば、「成長する人間のそばにいる・成長を促せる」という魅力だと、私は思っています。中学校で言えば3年間、学級担任として、教科担任として、またクラブの指導者、学年の先生、委員会指導の先生として生徒に関わっていきます。

ある年の入学式で、こんなことがありました。

「先生～」

クラスの名表を張り出しているとき、私のブレザーを引っ張る男の子がいました。身長は150㎝もない小さな生徒です。

『ん？』

「先生、池田先生って怖い？」

『ん、あ、池田先生ね。ちょっと怖いかもよ』

「え～」

私に声をかけてきたK君は、私のクラスのメンバー。クラスの名表に自分の名前を確認し、担任が池田修先生であることを確認した上で、聞いてきました。が、まさか私がその池田先生とは知らずに聞いてきたのです。私が入学式直前に教室に入った時の彼の顔が忘れられません。

そんなK君も卒業する時には、私の身長とほぼ同じ程度になり、
「先生、ありがとうございました」
なんて言いながら握手を求めてくるのです。
（あ〜、彼が全員リレーで抜かれなければあの時のクラスは優勝だったよな）
（でも、彼のソプラノのような声があったから合唱コンクール優勝したんだよな）
（自分の机の周りは汚していたけど、教室の掃除は良くやってくれたな）
なんてことを、あれこれ思うのです。

そんな時、この仕事をしていて良かったなあと思うわけです。

ちょっと大げさに言うと、教師は生徒の人生を背負うという一面があります。ま、勝手に背負っているのですが。私のところには、年に1回、塾の時代の生徒からちょっと前の卒業生まで20歳を超えた卒業生たちが集まっていろいろと近況を話して

くれる会が、かれこれ20年以上続いています。ありがたいことですよ。卒業しても子どもたち（もうおっさんもいますけど）の成長を見続けることができるなんて。卒業生に子どもが生まれると、もう、孫ができた感じすらしますもの。（笑）

もちろん、良いことばかりではありません。生徒の兄弟の死、親の死などにも直面します。何ができるわけでもありませんが、その生徒のそばにいてあげるだけですが、逆に言えば、そんなことができるのは、教師ぐらいなものでしょうか。それも長い目で見れば、子どもの成長に寄り添うということなのだと思います。

❷ 社会的な安定

現実的なことも話しましょう。教師という仕事は、社会的な地位や収入の面でも安定しているということが言えます[※12]。地位について言えば、先生の多くは公務員であり、通常は「クビ」になることはありません。また、尊敬される対象としても扱われます。

収入についても通常の公務員よりも多少良い給料が設定されています※13。公務員であることから、男性と女性の給与格差はなく、むしろ子どもを産み子育てをすることのある女性にとっては働きやすい環境だと言えます。40歳の女性の給与を同年代の他の職種と比べた時、教師を越えるものはなかなか無いのではないかと思います。

その一方で、先生と呼ばれる仕事は、社会的に大きな役割を期待されています、私人であるよりも、公人であることを求められます。

公人である以上は、社会的倫理性も一般の職業よりは高く求められます。早い話が、同じ刑事事件を起こしても、先生であれば新聞に載りやすいということです。良いことをやっていても、先生だから当たり前、ちょっと悪いことをしようものなら、あちらこちらで噂されてしまいます。

別に悪いことをしなくても、結構大変です。

私など、歯医者に行った時、健康保険証で先生とばれてしまうと、歯医者の先生に
「先生、どこが痛いですか?」と言われ、

『先生、前歯の右が痛いです』

「あ、先生、これは痛いでしょう」

などと訳の分からない会話になってしまうことがあります。

電車の中で教え子にあった時など、

「あ、池田先生!」

などと声をかけられようものなら、もう大変。電車中の視線がこっちに向きます。そして、上から下までじろりと見られて、

(これが先生?)

なんて顔をされます。この視線が痛い。

飲み屋に行っても先生とばれると、もう「先生、先生」です。なかなかリラックスもできません。

まるで今でも夏目漱石の『坊ちゃん』の世界だなあと思うわけです。ただ、あの頃は、翌日に黒板に「天婦羅」と書かれるぐらいですが[※14]、いまではインターネットで、あることないこと書かれる場合もあります。ある程度身を律した生活をした方が良いでしょうね。

❸ なりやすい

ここ数年のことでいえば、教師はなりやすい時代を迎えていると言っていいと思います。大阪市で言えば、15年前は1人の小学校の教員を募集すると20人が手を挙げました。つまり、20倍ですね。それが、平成25年度では4倍になっています。非常になりやすくなっています。

この原因は、いわゆる２００７年問題と言われているものです。戦後ベビーブームで生まれた人たちが一斉に退職します。同世代の教師も同じように一斉に辞めます。特に大都市圏でこの傾向は顕著です。大量退職、つまり大量採用は、小学校から始まり、中学校に移っていきます。今後5年間ぐらいは続くと思われます。ですから、いまの時代に教師を目指そうという人は、教員採用試験の面だけを考えれば、10年前の人に比べれば非常に恵まれていると言えます。

しかし、良い話があれば悪い話もあります。なりやすい時代ではありますが、「やめやすい」時代でもあります。平成22年に全国で採用された新人の先生は、公立学校（小・中・高・特別支援学校）で、2万5743人いました。その内、288人が1年以内で辞めています。1・1％です。数だけ見ればそんなに酷いとは思えませんが、病気で辞めた先生は101人いて、実はこの内の91人が精神疾患だったということが分かっています。実に90％です[※15]。教師大量退職の時代は、定年で辞めるという先生もいますが、

（もう、教師は疲れた。やってられない）

と思って辞めていく人もいるのです。募集が多い自治体は、辛くて辞める先生の多い自治体である場合でもあると考えておく必要があります。

これらの理由は何でしょうか。一つに絞れば、

・子どもをとりまく親や社会の変化

だと思います。

かつては、先生と子どもとの間に圧倒的な差がありました。知識や技術について、先生が優位に立つことができました。また、親や社会からも先生ということで大事にされていました。ところが、1975年ぐらいから、日本の社会は大きく変わり始めました[※16]。なんというか、大人よりも子どもの方が「できる」部分が増えてきたんですね。

君たちの親御さんで、ビデオの予約を君たちに頼む人、結構いるんじゃないですか？　私たちの時代はラジカセの予約録音などを親に頼まれました。これって結構す

ごいことなのです。大人が、子どもに仕事を頼む、それも、自分が分からないから頼む、できないから頼むというのは、いままでの人間の歴史の上ではあまりなかったことなんですね。もちろん、体力がなくなったから頼むということはありますが、そうではない部分でです。そして、ここで大事なのは、子どもたちは難なくそれをこなしてしまうということです。

自分が簡単にできることを大人ができない。そうであれば、子どもは大人を尊敬するわけもなく、馬鹿にし始めます。なんていったって相手は子どもですから。ビデオの録画予約ぐらいのことでも平気で自分は大人よりも上だと思えるのです。ま、相手が1人や2人なら良いですが、これが30人や40人のクラスの子どもとなると大変です。それをきちんとさせるだけの力量を持った新人の先生ってどのぐらいいるのでしょうか。

また、その保護者までもがややこしくなると、これはもう大変なことになります。

自分よりも学歴の低い教師を馬鹿にする保護者や、自分の子どものことだけしか見えない保護者、子どもが割ったガラスを「学校に割れるようなガラスを付けておくな」とイチャモンをつけてくる保護者、まあ、大変です※17。

さらにややこしいのは、保護者は自分も学校で教育を受けているので、教育については専門的な知識を持っていると思い込んでいる場合があるのです。当然のことですが、学校教育を受けることと学校教育を行うことでは、全く違う知識や技術が必要になるのですが、このことが分からないんですね。いくらおいしい料理をたっくさん食べたからって、「私は料理の専門家だ」なんて言わないはずです。また、「私は家で料理を毎日作っているから専門家だ」と言ってレストランで偉そうにする人はいないのに、教育になると言いはじめる人がいるんですね。そして、増えてきています。

もう一つ理由を付け加えれば、

・教師の仕事の特殊性

ということも挙げられるかもしれません。

教師は、1年目から、いや4月1日に教師としての辞令を受け取った時からすぐに、一人前の仕事を求められます※18。


私が教師になった20年前は、新人の中学校教師は主に3つのことをやれば良かったのです。それは、「授業」「学級担任」「クラブ指導」です。これらのことを中心にしながら子どもとの対応や親との付き合い方、さらに学校の仕事というものを先輩の先生にあれこれ言われながら覚えて行きました。もちろん、1年目でいきなり担任を持つということも大変は大変ですが、3つぐらいの仕事であればなんとかなります※19。

ところが、今はいきなり多くの仕事がドカンと来ます。4月1日に辞令を受け取り、赴任する学校に向かいます。そこからいきなり完全な先生を求められるようになってきています。ベテラン教師がいなくなったいま、すぐに担任を持たされることは当たり前になっていくでしょう。

また、仕事の種類も量も多くなりました。直接子どもに関わる仕事というよりは事務仕事が多くを占めます。アンケートや調査、教育委員会に提出する計画書や報告書などです。もちろん、大事なのでしょうが、それよりも子どもに直に接することで学ぶことの多いのが新人の時代です。それなのに子どもから遠ざけておいて実力を付けろというのは、おかしいし無理があると思います。ですが、それをやらされているのが現状です。

次に挙げる資料は、平成19年度に新規採用された関西地区の小学校の先生の日記の一部です。本人の了解を得て載せます。

- クラスで問題多発っ。明日は学級会～。
- ボールが門の辺りに乗っかってる。取りに行く。
- 漢字小テスト
- 国語テスト、算数テスト、学力テスト、スポーツテスト
- 社会プリントづくり→社会体験（パッカー車のん）
- ローマ字学習は？　漢字字典の使い方は？
- 授業参観の出張再来週。
- 校内の授業参観研修。
- 初任者の記録メモ。
- 自習用のプリントづくり。
- プール指導研修の準備。
- 校内プール指導当番の決定。
- 学級通信。
- 年間計画照らし合わせて６月の授業プラン練りなおす。
- 特別支援の目標設定＆指導、交流はいつにするか。
- 小学校フェスティバルの準備。
- 研修用プレ授業。
- 体育部会用ファイル作って資料整理。
- 人権作文選抜、確認、発表用の練習。の流れ自体確認。

まだこれに加えて普段の授業の教材研究や教材づくり、
補充プリントの印刷とかもある。
おまけ……はしかに以前かかったかどうか調べる（笑）

資料

小学校一年目の先生　五月のすることリスト

心を亡くすと書いて、忙しい。
ホームにて
　電車来たかと思ったら
　　難波行きだよ
　　　ホームが違うむかっ（怒り）

帰る方向間違ってるホームにいるのに、10分以上気付かないほど、心をなくしつつあります（ﾟДﾟ;）

《To Do　リストハート》

- 職員室の机の上に何やらいつの間にか回ってきた職員女子トイレ当番の目印小物。果たして、トイレ掃除はいつできるのか!?（はよやれよ…）
- 初任者の研究授業。あと２週間。そろそろつめて考えないと。
- 11月の研究授業、立候補したからにはなんかやらにゃ。
- 栽培委員会、どうする。
- 校内研修推進委員会、うまく回ってない…ちょっとした行き違いが、大きな溝につながってる気がする。
- 授業参観来週あるのん、算数なんか考えなきゃ。

私は「先輩の先生にあれこれ言われながら覚えていきました」と言いましたが、そうです、この先輩の先生が大量退職時代でいなくなってきているのです。教育は圧倒的な知識ときちんとした指導力の両方がないと上手く行うことができません。

指導力は知識だけでは身に付けることは難しいものです。一つ一つの事例について適切に判断し、それについて指導をしていかなければなりません[※20]。この指導力を身に付けること、これが、とても大切なわけです。子どもと面と向かって身に付けるか、指導した経験のある人に具体的なケースを基に教わるというのがその方法ですが、これがやりにくくなってきています[※21]。

教師は珍しい仕事

さて、教師の仕事の魅力を話すつもりが、大変なところばかり話してしまいました。ですが、一つ確認しておきたいことがあります。教師という仕事は、世の中にたくさんある仕事の中で、非常に珍しい仕事だということです。何が珍しいのでしょうか。それは、「なりたいからなる仕事」であるということです。

世の中には無数の仕事があります。そして、世の若者たちは自分の能力と適性を鑑みて自分の仕事を求めようとします。しかし、自分の思う通りの仕事に就ける人というのは、果たしてどのぐらいいるのでしょうか。人口の1割もいるでしょうか。ですが、「教師は、自分がなりたくてなる仕事」です。そして、なれれば社会的に安定した地位を得られた上に、自分のやりたいことをした上で、いろいろな人に感謝される仕事です。多少の困難があったとしても努力を重ねて乗り越えなければならない仕事だと思いませんか。

応援します

もちろん、そんなことを一人ぼっちでさせるつもりはありません。ちゃんと応援もあります。

たとえば、野中信行先生は知っていますか。平成19年度に小学校の先生をご退職されますが、60歳になっても小学校6年生と50メートル走で競争して勝つような先生です。ご退職の前にこれからの若い教師のためにと『新卒教師時代を生き抜く心得術60―やんちゃを味方にする日々の戦略』（明治図書出版）を書かれています。

家本芳郎先生は知っていますか。主に中学校の国語の教師として活躍され、生涯のうちに300冊以上の教育に関する書籍を世に送り出してくださいました。『〈教育力〉をみがく』（子どもの未来社）から手にしてみてください。他にも「掃除、遅刻、宿題、忘れ物、席替え」などの指導書群があります。学校教育現場にいた先生しか書けない分野の本を分かりやすく書かれています。

西川純先生を知っていますか。上越教育大学の先生です。『学び合い』という授業方法を提唱されています。これが日本の学校に定着すると、日本の学校教育は根底から変わってしまうことでしょう。それも良い方向に変わることと思われます。『「勉強しなさい！」を言わない授業』（東洋館出版社）を手にしてみてください。

「明日《あす》の教室」を知っていますか。知らないでしょう。私たちが京都でやっている研究会です（笑）。教師を目指す大学生、教師になったばかりの先生たちを対象にして、本当の明日と、これからの教育の未来について考えて力を付けようという研究会です。全国から超一流の講師の先生をお呼びして学んでいます。東京、名古屋、大阪、九州に分校もあります。

大丈夫です。せっかく教育という素晴らしい世界に足を踏み入れたみなさんを、私たちの後輩になろうとしているみなさんを、先輩たちはフォローしますよ。どーんと取り組んでください。

※12 今後も急に変わることはないと思います。しかし、教育基本法が変更され、関連法案も変わり、教員免許状の更新制度が導入されました。また、中央教育審議会の答申に

より、教員養成は大学院で行われるようになる見込みです。

※13　そのかわり、残業代はつきません。休日出勤しても手当はつきません。

※14　「翌日何の気もなく教場へはいると、黒板一杯ぐらいな大きな字で、天麩羅先生とかいてある。おれの顔を見てみんなわあと笑った。おれは馬鹿馬鹿しいから、天麩羅を食っちゃ可笑《おか》しいかと聞いた。すると生徒の一人《ひとり》が、しかし四杯は過ぎるぞな、もし、と云った。四杯食おうが五杯食おうがおれの銭でおれが食うのに文句があるもんかと、さっさと講義を済まして控所へ帰って来た。十分立って次の教場へ出ると一つ天麩羅四杯なり、但《ただ》し笑うべからず、と黒板にかいてある。」（『坊ちゃん』「ちくま日本文学全集　夏目漱石」筑摩書房　1992年1月発行より）

※15　「教員のメンタルヘルスの現状　平成24年1月22日　文部科学省　初等中等教育局初等中等教育企画課」より。なお、同データには、これは新人に限らないことで、病気疾患で休職している教員の精神疾患率は、平成13年が48・1％だったのが、平成22年には62・4％と示されています。

※16　詳しくは、『オレ様化する子どもたち』（諏訪哲　中央公論社）を読んでみてください。いまの子どもの変化が良くわかります。

※17　『悲鳴をあげる学校』（小野田正利　旬報社）に詳しいです。

※18 一般社会であれば、研修期間があり仕事を覚えることに集中できますが、教師にそれはありません。授業や学級担任の仕事などをしながら、同時進行で教師としての仕事を覚えて行きます。

※19 好きなことをやるために集まっているクラブ活動で集団に向けての指導力の基礎を鍛え、順次やりたくないこともやらせることを、クラス集団や、授業での学習集団にも指導できるようにしていきます。

※20 元宇治市立平盛小学校、現立命館小学校教諭の糸井登先生は、新学期が始まったばかりの小学校だと、高学年でも1日に30ぐらいの瞬間的な判断と指示が必要になると言っています。

※21 ちょっと宣伝です。私の勤める京都橘大学人間発達学部児童教育学科には、専任教員が15人いますが、そのうち半数以上が学校教育現場で指導を重ねていた先生です。学生に指導力を身に付けさせてから学校教育現場に送り出したいという願いからです。

第5章

教師に必要な力

では、この大変で魅力的な教師という仕事をやっていく上で必要な力にはどのようなものがあるのでしょうか。ここからは、このテーマについて考えてみることにしましょう。ここでは、その方法として先程述べた家本芳郎先生の『〈教育力〉をみがく』に指摘されている3つの力をヒントにしながら見て行くことにします[※22]。

家本先生は、教師が教育を行う上で必要な力として、次の3つを挙げています。

❶管理の力
❷指導の力
❸人格の力

です。もちろん、前提条件としては膨大な知識を持っているとか、学び続けている、本を読んでいるなどがあるのだと思いますが、それは横に置いておいて、これらの力を少し詳しく見て行きましょう。

❶ 管理の力

「管理」と聞くと「管理教育」などの言葉が浮かび、髪型や服装についていろいろと文句を言われるというイメージを持つ人が多いのではないでしょうか。私も、これらのことにあーだこーだ言われるのが嫌いで、高校の時は納得がいかなくて校長先生に手紙を書いたことなどもありました※23。ま、それはどうでも良いのですが、ここでいう管理の力というのは、服装などについていうのではありません。児童・生徒の命を守るというのが、管理の力です。

例えば、中学校2年生の生徒が3階にある教室の窓枠に腰掛けて休み時間を過ごしていたとします。みなさんが先生ならどうしますか？　放っておきますか？　少し考えてみて下さい。

10行ほど考えてもらいました（笑）。どんな指導をしますか。ちなみに、何もしないで放っておくというのも、広義では指導になりますからね。実際は10行なんて考える時間はありません。その場で判断して行動です。いくつか考えてみましょう。

その一　放っておく

ダメです。その生徒はそれ以上危険なことはしないかもしれません。しかし、学校は集団で生活をしています。その生徒が何もしていなくても、休み時間であれば教室を走り回っている生徒もいます。その生徒が追いかけっこに夢中になり、窓枠に腰掛けている生徒にぶつからないとは限りません。この場合、落っこちた生徒は被害者になりますが、ぶつかった生徒は加害者になります。学校では被害者だけではなく、加害者も出してはなりません※24。

その二　大声で止めろ！　と叫ぶ

ダメです。その声に驚いて窓の向こうに落ちる危険性があります。

その三　生徒の傍に行って、「ダメだぞ」と優しく声をかける
　良いです。理由を述べる必要はありません。まず、行為そのものをやめませます。教室の床に足を下ろしたのを確認してから、理由を述べて厳しく指導します。学校の中で命に関わる指導は厳しく丁寧に行うべきです。

その四　生徒は驚かないが、届く声で「おい」と呼ぶ、
　かなり良いです。そして、その後、「その三」で行ったことをします。これだと生徒のそばに行くときの時間が短縮されます。

その五　生徒を見つめて、気づかせて止めさせる
　素晴らしいです。目の力が生徒に届き、生徒がそれを受け入れるというのは、日頃からコンタクトが取れている証拠です[※25]。

　と5つほど指導の方法を検討しました[※26]。ここでは声について注目してほしいと

思います。教師は遠足や運動会などで100人以上の子どもたちに外で指示を出さなければならないことがあります。集合時間の確認や整列指示などです。その時には、100人に届く大きくはっきりした声でなければなりません。

しかし、窓枠に腰をかけている生徒を注意する声は、大きすぎては危険ですが、きちっと怒っているということが伝わるはっきりした声でなければなりません。さらに言えば、見つめるだけで「ダメ！」ということを伝えられなければなりません。これらの力を身につけることが「管理の力」なのです。学校で火事や地震が発生した時、的確に指示を出し避難させることができる力が「管理の力」です。

❷ 指導の力

家本先生は、『教師におくる「指導」のいろいろ』（高文研）で、教育における「指導」という言葉に含まれる概念を整理されています。先生によれば、指導という言い方に含まれるものは、30種類を越えます。そして、「指導とは『すすんで、やろうという気持ちにさせること』、そのはたらきかけを指導という」※27と述べ、「指導にはいろいろあるが、そのなかでもっとも中心をなすのは、『説得』である。というのは、子どもが『なるほど』と心から納得して「やろう」とする、これが指導だからである」※28とおっしゃっています。詳しくは先生の本を読んで頂くことにして、私はここでは、「授業における指導の力」に限定してお話をしていこうと思います。

教師になろうとしている人、または教師は、勉強が好きで勉強ができるからなります。すくなくとも大嫌いではないでしょう。ですが、教室には勉強が嫌いで勉強ができない子どもがたくさんいます。場合によってはそういう子どもだらけと言ってもいいでしょう。そこで教師は、嫌いな子ども、できない子どもの立場に立てるかどうかは、とても大事なことだと思います。勉強が嫌いで、勉強ができないというのは、どういうことなのでしょうか。子どもたちにいろいろと聞いてみたところ、3つの要素を取り出すことができました。すなわち、勉強が

つまらない
分からない
できない

です。そうだとすれば、授業における指導の力とは、

つまらないを、おもしろい！ に
分からないを、分かった！ に
できないを、できた！ に

変える力だと言えるのではないでしょうか※29。子どもたちが、どのポイントで苦手意識を持っているのかを分析し、そこに対応した教材を用意し指導を行うことができれば、指導力がある教師と言われるのではないでしょうか。これについての具体的な

事例は、「第7章　授業をつくるとは」で触れることにしましょう。

❸ 人格の力

みなさんもこんな経験はありませんか。みなさんが、ちょっと悪いことをしていて、○○先生が
「こらこら、そんなことをしてはダメだぞ」
と言いました。その時は
（べつにいーじゃん）
と思うのですが、同じようなちょっと悪いことをしている時に◎◎先生が、同じように
「こらこら、そんなことをしてはダメだぞ」
と言うと、
（やべえ、やめよう）
という思いになったことです。◎◎先生が殴るからやめようということではありませ

ん。そうではないのに、やめようと思った経験はありませんか。この差はどうして生まれるのでしょうか。◎◎先生が言うからやめようとなったわけです。これを人格の力の差というのです※30。

みなさんは、この3つの力のうちどれが一番大事だと思いますか。答えはどれも大事です。ですが、一番最初に身に付けることができるのは、管理の力です。その次が指導の力で、最後が人格の力です。そして、このなかなか身に付けることのできない人格の力を持っていると、指導がすっと子どもに入るんですね。

私が出会った先生の中で、この人格の力を持っていらっしゃるなあと思う先生の周りには、いつも子どもたちが集まっていました。子どもたちも気持ちがいいのでしょうね。そういう先生は子どもの存在をきちんと受け入れているんですね。

「あれも良い、これも良い。あれとこれが矛盾していたって良い、人間が違うんだから、違うだろ。でも、人格の完成を目指すのと良い社会を作っていく目的は、同じだね」

そんなメッセージがこぼれてくるような先生に人格の力を見ました。

人格の力の身に付け方

ちょっと横道にそれますが、私も人格の力がないので、どうにかしてこれを身に付けようとドタバタしています。いまのところ、これは有効ではないかと思えるものが2つほどあります。

紹介すると、1つは「本を読む」です。ま、これはその通りだと思ってください。もう1つは、「人格のある人のそばにいく」です。これはちょっと説明が必要ですね。

中国の古典に『論語』というものがあります。「子曰く、学びて時に之を習う。亦説（よろこ）ばしからずや」というのは、聞いたことがあるでしょう。この文章が載っている『論語』に「徳は孤ならず※31」という言葉があるんですね。これは、「徳のある者はひとりぼっちにならない。かならず、隣に同じように徳のあるものが寄ってくる。仲間が増えるよ」というような意味なんですね。そこで、私はこれを拡大解

釈して
（そうか、それなら人格者のそばにいれば、私にもすぐれた人格が移ってくるんじゃないかな）
と勝手に思い込んだのです。とは言うものの、これはなかなか有効です。人格のある人の具体的な行為を見るのは、やはり勉強になります。私も多少は良くなりましたから。

とにかく教育というのは相手を教育するにも、自分を教育するにも時間がかかるものなんですね。

・すぐに答えの出るものは、すぐに忘れ去られる。
・急に良くなったものは、急に悪くなる。

どっかで読んだ言葉のような気もしますし、私の恩師が話された言葉のような気もしまいます。いままでは出典もわからないままですが、本当にそうだなあと思っています。なかなか身に付かない人格の力も諦めずにやるしかないなあと思うわけです。

※22　この3ついて、『教師におくる「指導」のいろいろ』（家本芳郎　高文研）では、次のように定義しています。「教師の指導的力量は、指導の力・管理の力・人格の力の複合体である。指導の力とは、子どものやる気を作り出す力、管理の力とは、子どもの生命を守り育てるに必要な強い力、人格の力は、子どもに好かれ信頼され尊敬される力である。指導の力は、説得力を基本に共感・助言・励まし・教示・対応など、管理の力は、制止を基本に命令・注意・説諭・懲戒など、人格の力は、「ほめる」を基本に率先・垂範・子どもを守るなどの表現がある」29ページ

※23　その時の菅野校長先生は、新学期の朝礼で「生徒から校則に関する面白い手紙があった」と紹介し、その後校長室で丁寧にその校則の理由を話してくださいました。私は「理解はいたしましたが、納得することはできません」と答えました。まあ、なんて生意気なガキだったのでしょうか。

※24　もちろん、窓枠にガタツキがないかなど日常的な点検も大事です。

※25　このぐらいコンタクトが取れていても、悪さをするのが生徒たちです。それを見つけ

ては一つ一つ指導していくことになります。自分と仲間の体、命を大切にするということをしつこく教えます。

※26　このような問題形式の本も家本芳郎先生は書かれています。『挑戦！　教育実践練習問題』（家本芳郎　ひまわり社）です。名著です。

※27　『〈教育力〉をみがく』12ページ

※28　『〈教育力〉をみがく』18ページ

※29　関心・意欲・態度、知識・理解、技術・技能に対応しています。

※30　もちろん、誰が言ったかではなく、何を言ったかで判断する人間に育てる指導も一方では必要です。

※31　「子曰く、徳は孤ならず、必ず隣有り。」（里仁第四25）

第6章

クラスをつくるとは

新人の先生にとって大変なのは、授業ではなくクラスづくりだということが言われています。いえ、授業が楽なのではありません。授業を成立させるためのクラスをつくるのが大変だと言うのです。平成19年（２００７年）４月に行った、第一回の「明日の教室」でアンケートを取ったところ、現在困っているものとして挙げた内容は、たしかに全員が授業以外のことでした※32。

良いクラスって

良いクラスってどんなクラスですかね。「明るいクラス」「元気の良いクラス」「仲の良いクラス」。まあ、いろいろとあると思いますけど、私はいまの3つは全部違うと思います。もし、いまの3つを良いクラスだとしてしまうと、そんなクラスは辛いという思いを抱く子どもが出てくるのではないでしょうか。

ま、確かに教師は明るくて元気が良くてというのが良いかもしれませんが、教師が子どもやクラスにこれを求めると「明るくても良いよ、元気があっても良いよ、仲が良くても良いよ」とはならないんですね。「明るくなくてはダメ、元気がなくてはダメ、仲が良くなくてはダメ」ということになりがちです。みなさんはそんなクラスのメンバーになりたいですか。私は逃げ出したいです。

私は、メンバーが納得した目標に、緩やかに向かって行く集団ができればいいなあと思って指導していました。そして、その集団が心地の良い人には辛い人がいるんではないかという思いを抱くことができ、辛い人は、こうしてくれないかと改善の条件を小さくても良いから声に出せるような集団をつくりたいと思って指導してきました。これを達成しようと努力を重ねるクラスが、良いクラスではないかと思ってやってきました。

距離感

研究会「明日の教室」のお悩み相談シートに、次のようなものが書かれていました。

〝ほどよい厳しさ〟というものがいまいちわかっていません。

お姉さん先生にならないように、きちっとやる時はやるようにしていますが、はじめは、どうしたらよいのかわかりませんでした。厳しすぎても、子ども本来の良さを失ってしまったり、出せなくなってしまうのではないか、逆に優しすぎると最終的には学級崩壊につながってしまう…そう考えていたら、頭の中がグルグルでした。

これらの相談が多くありました。ここに見られる問題は子どもとの「距離感」という言い方で説明できるのではないかと思います。先生は先生として子どもに接しようとするのですが、子どもは児童・生徒として先生に接しません。対等な一人の人間として接しようとします[※33]。そこで、教師の方が距離感を掴めなくなり、ある時は妙に厳しく、ある時は妙に優しくなってしまうのです。

子どもたちは自分を中心にした世界観を持っています。先生が「友人」のように振る舞っていたにもかかわらず、突然「先生」として振る舞い始めると、この変化を「裏切り」だと捉えるようになり、文句を言い始めます。保護者は大人の視点で自分の子どもに教育してくれれば良いのですが、これがまた「自子中心主義」[※34]が増えてきて、周りのことが見えにくくなっていますから期待しにくい。となると、教師自身が子どもの成長のために、クラスをきちんと指導していくために、規準を設定して、その規準に従って子どもとの距離を正しく保つ必要があると私は思っています。

その規準は、私の場合は「大人であるか、子どもであるか」「教師であるか、児童・生徒であるか」というものです。つまり、大人である教師がとるべき態度があって、子どもであり児童・生徒である彼らがとるべき態度があるので、それを実行に移して行くことで正しい距離感を作り出せると考えています。「君は生徒でしょう。ダメです」「君は子どもでしょ、やりなさい」というわけです※35。

ではありますが、この規準の「大人」というのが、結構難しい。みなさん、子どもに「大人って何ですか?」と聞かれたら答えられますか。なかなか難しいですよ。この話を続けると、さらに3時間ぐらいは平気でかかってしまうので、これはまたの機会にしましょう(笑)。でも、考えてみてください。「大人ってなんだろう」ってね。結構楽しいですよ。私は30年近く考えていますけど、いまだに楽しいですから。

K君の話

私が担当したあるクラスの話をしましょう。教師になって6年目の4月のことです。私のクラスにペルーから日本語の全く分からない中学3年生が転入してきたんです。そして、1年後には卒業して進学か就職をするんです。さあ、困りました。あなたならどうします。答えは一つしかありません。担任がどうにかするしかないんです。とにかくやるしかないんです。

私が最初にしたのは、「ペルー語辞典」を買いに行ったことでした。本屋の辞書コーナーで探しました。なかなか見つからなかったので、店員さんを呼んで一緒に探しました。ところが、ないんです。その時店員さんが、「お客さん、ペルーはスペイン語ではありませんか？」というのです。そして、調べてみるとその通り、私はそんなことも知らないままに始めざるを得なかったんですね。結局、スペイン語から日本語にする辞書と、日本語からスペイン語にする辞書と、ラジオ講座スペイン語のテキストを買って帰りました。

2日後、初めてK君に会うことになっていたので、とにかく挨拶の文章ぐらいは覚えなければと覚えました。「オラ　K君　ケタル　エスタイス?」というのですが、ま、結局「オラ!」しか言えませんでしたね。英語で「ハロー」っていう意味です。でも、K君は喜んでくれましたね。

そこからです、私はクラスの子どもたちにお願いをしました。

『というわけで、私たちのクラスに日本から見て地球の裏側にあるペルーからK君がやってきた。中学校3年生というのは君たちにとっても大変だが、K君にとってもとても大変だ。何しろなにも言葉がわからないのだから。そこで、すまんが、3ヵ月間は私にスペイン語を勉強させてくれないか。君たちの進路の指導は7月から本格的に始める。それまではK君にかかりっきりにさせてくれないか』

幸いにして子どもたちも親御さんたちも私の願いを受け入れてくれ、私はクラスづくりに関しては、スペイン語の習得とK君の指導に集中して当たることができました。

そしたら、拾う神があったんですね。なんと外国人講師で来ていたアメリカ人の先生が、実は、もともとスペイン語圏の人で、スペイン語が分かるというのです。これは助かった。最低限必要な指示の言葉をスペイン語に直してもらい、覚えました。

私は毎日、家に帰ってからすぐに録音しておいたスペイン語のラジオ講座を聞きました。その日の文章を暗記するまで夕御飯を食べない。トイレには動詞の活用表を貼るとかして覚えました。まるで中学校1年生に英語の指導をする時にやらせることを、自分がしていたんですね。

教室では

『なあ、君たちがK君の立場だったら何が困る?』

と聞いたりしていました。すると、

「給食のお代わりがなんというのか分からないと困る」

という非常に切実な問題が出てきました。

『よし、わかった。ちょっと考えよう。お代わりというの、別の日本語にすると、「もっと食べる」だな。ということは、もっとはムチョで、食べるはコメールだから、ムチョコメールだ。君は給食の時にK君に「ムチョコメール」と言ってくれ』ってな感じでクラス全員に何か必要な文章を暗記させたんです。いやあ、連帯感が生まれましたよ。そして、その連帯感は親御さんにも伝わって、

「先生があんなに頑張っているのよ。K君のお母さんも大変なはずだから、私たちが買い物の仕方なんかを教えてあげましょうよ。もちろん、講師は池田先生ね」

という感じで、私は夜も超初心者の通訳で出動することになるのですが、なんかとても良かったですね。


ま、K君の話を続けるとさらに2時間かかってしまうので止めておきますが、結果的にとても良いクラスになりました※36。一人ひとりが自分の役割をきちんと果たし

て、多くの人が居心地の良い集団をつくっていくことができたんです。（K君の立場に立ったら、自分は何が困って、どうしたらいいのだろうか。そして、それはK君だけでなくクラスの仲間全員に言えることではないだろうか）という思いがクラスにしっとりと育ったんですね。クラスの諸君は進路宣言をして自分の進路に進み[※37]、K君は職業訓練学校に合格することができ、その1年後にはきちんと卒業して就職。最初のボーナスでペルー料理のお店に連れて行ってくれましたよ。

教育は、かったるくて、めんどうくさくて、しんどいものなんですが、時々こうして奇跡を起こしてくれることがあるので、たまらないんですね。

※32　研究会「明日の教室」で「お悩み相談シート」というものに、いま悩んでいることを自由記述で書いてもらいました。参加者34名のうち、回収された32枚には、クラスづくり、生徒との人間関係づくりについての悩みが書かれていました。

※33　『下流志向』（内田樹　講談社）に詳しく分析されています。
※34　『悲鳴をあげる学校』（小野田正利　旬報社）で紹介された用語です。
※35　『こんな時どう言い返す』（池田修　学事出版）は、その事例集です。子どもたちから投げかけられた質問に、教師は5秒以内に答えられなければならないと私は考えています。そこで答えられないと、子どもたちは先生から許されたと勝手に思い込みます。「なんで、先生だけ学校でお茶を飲んでいるのですか。お菓子を食べているんですか。私たちも同じ人間です。食べて良いでしょ」と言われたら、さて、なんて言い返しますか。5秒以内に、子どもたちが納得する答えを述べてください。私の答えはこの『こんな時どう言い返す』にあります。
※36　この時の様子は、NHK「モーニングワイド」で取材されました。
※37　教師が「勉強しろ！」というのではなく、教師が勉強する姿を見せる。率先垂範になっていたのだと思います。思い出したのですが、私の父も40歳頃に新しい言語を覚えていました。会社にやって来たインドネシア人に研修をするためにインドネシア語を覚えていました。K君を指導していた頃の私は30歳ぐらいで（ま、負けられない）と思っていました。20年後に効果の出る父の教育だったわけです。

第7章

授業をつくるとは

勉強に関する誤解

最初に、勉強に関するみなさんの誤解を解いておきたいと思います。それはこんなことです。

「先生、私、勉強が苦手なんです」

『ん？　なんで？』

「だって、やってもできないんですもの」
『ん、ということは、君は勉強はやればできると思っているのですか？』
「え、違うんですか？」

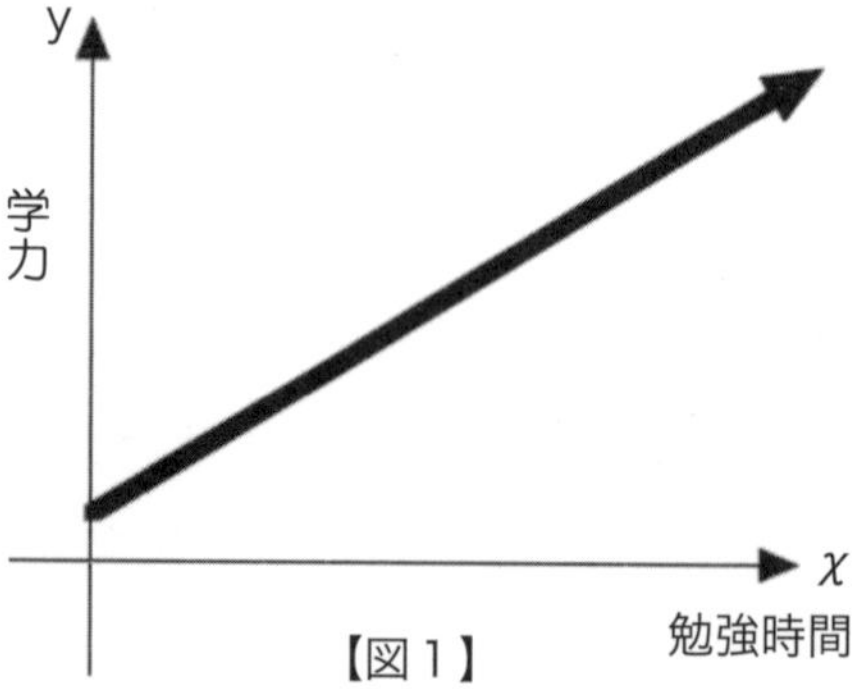

【図１】

みなさんは、どう思っていますか。勉強ってやればできると思っていますか？　そう思っているとしたら、それは誤解ですよ。勉強はやればできる、は誤解です。正解は、「勉強は、やってもやってもできない」です。

誤解しているみなさんは、勉強をすると学力は、y＝aχ＋bのイメージで伸びると思っていませんか。図に書くとこんな感じかな。【図１】ま、気持ちとしてはこうなってほしいというのは分からないでもありませんが、実際は違います。期待と現実をごっちゃにしてはいけません。現実は、こうなりますね。【図2】関数的に言えば、y＝aχ＋bのaが0（ゼロ）ということになりますか。これが、やってもやってもできないという姿です。

しかし、これもまた正確ではありません。だって、現実に勉強ができるようになった人っていますよね。では、その人たちはどうして勉強ができるようになったのでしょうか。

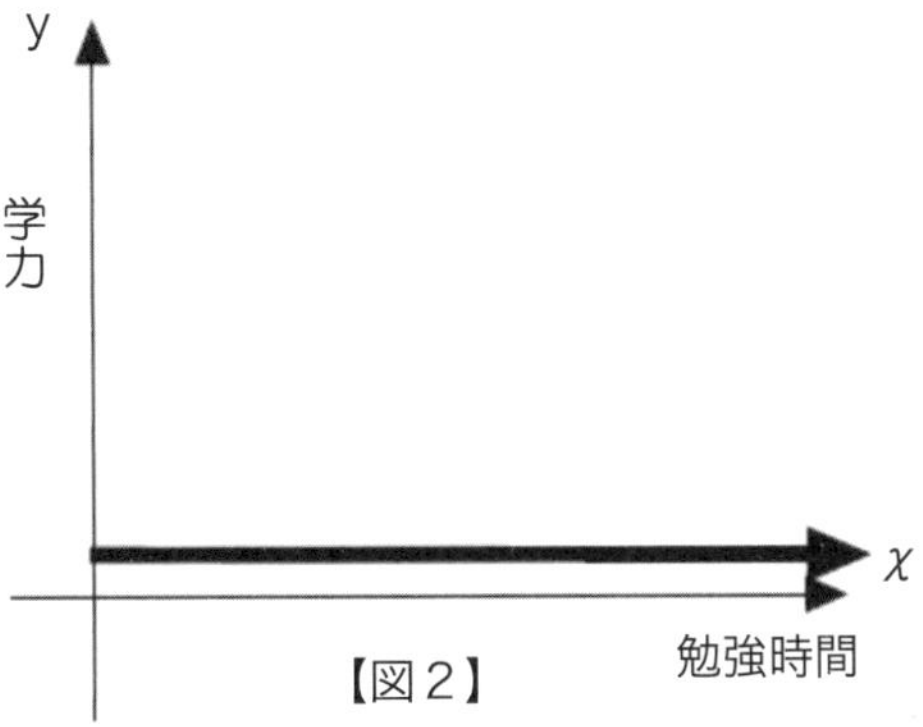

【図2】

湯船の法則

勉強は、突然できるようになります。それは、昨日まで乗れなかった自転車に急に乗れるようなものです。それを私は「湯船の法則」と呼んでいます。ちょっと長くな

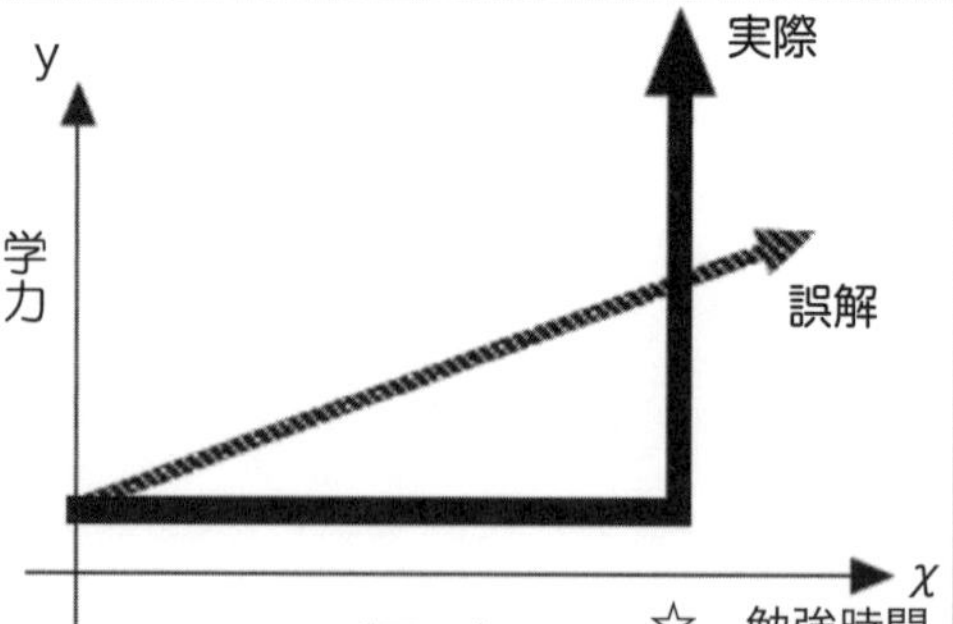

【図3】

るけど、大事な考え方なので話してしまいますね。

私が中学生の頃の家庭の風呂は、湯船を洗い、水を張り沸かすというのが一般的でした。親に言われて、湯船を洗い、栓をして水を貯める。ところが、じっと見ているときはなかなか貯まらないくせに、テレビなんか見ているとあっという間に貯まってしまい、溢れて親に怒られるということがあったんですね。

これと勉強のどこが似ているのかと言うことですが、実に似ているのです。入れている水は勉強の量だと思ってください。入れていることを意識しているときには、なかなか貯まらないように、勉強していると思い続けているときは、力は付かない。ところが、勉強しているという意識がないくらいに自然に勉強を続けていると、突然分かるのです。できるのです。溢れる瞬間を感じることができるのです※38。

では、いったい何時その溢れる瞬間を感じることができるのでしょうか。君たちが興味を持つのは、この溢れる瞬間（【図3】のグラフでは☆）でしょう。私の答えは、「分からない」というものです。「そんな無責任な！」と言われても、これははっきりと「分からない」という以外に言えません。

なぜでしょうか。主な理由を3つあげます。

一、流す水の量が分からない。
二、元々湯船にどのくらい水が貯まっているか分からない。
三、湯船の大きさが分からない。

一に関して言えば、あなたがどのぐらいの時間と質で勉強をするのかが分からないということです。ですが、質の高い多くの勉強をすれば、早く溢れます。

二に関して言えば、私立中学受験を目指して頑張ってきていた人、定期考査の前だけ頑張っている人、クラブを引退してから頑張ろうと思っている人といろいろいるわけで、いままでどのぐらいの学力が貯まっているか分かりません。ですが、あらかじめ多く貯まっていれば、早く溢れます。

三に関して言えば、あなたの器の大きさが分からないということです。器が大きければ、入れても入れても溢れません。入れる時間がかかる大きな器のことを、「大器晩成」というのです。しかし、中には水を入れ続けることをしないでいて、「時間がかかるな、オレは大器晩成だ」と言う人もいますから注意してください。

◆

で、さらに問題があります。勢い良く水を入れているのに、全く貯まらないという場合です。これは何でしょうか？　そうです。栓を閉め忘れているのです。勉強で言えば、復習です。入れる作業だけではなく、身に付ける作業もしなければならないのです。「学習」とは、学びと、身に付けるための練習の2つのことを意味しているのです。

また、湯船にヒビが入っていて、そこから漏れるということもあります。虫歯が痛くて勉強に集中できない、テスト前になると便秘をする、勉強しているつもりだが、実はただなんとなく夜遅くまで起きているだけなどが該当します。簡単に言えば、健康管理ができていない、生活のリズムが崩れている、ということですね。

どうです、溢れる瞬間が分からない理由が、分かりましたか。

ただ、分かることもあります。入れ続ければいつか溢れます。私が中学校で指導していた時の経験から言うと、早い生徒で、やりはじめて3ヵ月後、遅い生徒で高校に入ってからということがありました。

以上、風呂好きの私が発見した学習とその効果における「湯船の法則」でした（笑）。

エスカレーター逆走の法則

え？　もっと下らない法則はないかって。「もっと下らない」というのが気に入りませんな。「とっても下らない」法則ならあります（笑）。それは、「エスカレーター逆走の法則」です。

良い子のみなさんはやったことはないでしょうが、とっても良い子だった私はやったことがあります。もう、時効だからいいでしょう。そうです。あのデパートにあるエスカレーターを下から上に駆け上がる遊びです。もちろん、そのエスカレーターは下りのエスカレーターです。上から降りてくるエスカレーターを、下から駆け上がるのです。これが勉強に似ているのです。

勉強ができる人って、なんか勉強をしている雰囲気がありませんよね。普通にやっているだけなのに勉強ができるって感じではありませんか。そして、勉強のできない人は、やってもやっても追いつかない。これはどういうことなのでしょうか。

実は勉強というのは、初めの頃は逆走してエスカレーターを駆け上がるように大変なのです。やればやるほど分からないところが出てくるのです。だから大変なのです。ところが、あるところまで行くと楽になる。ちょうどそれは1階から2階へと駆け上がったときに、動かないフロアに足が乗った状態です。楽でしょ。で、再び2階から3階へと駆け上がると、怒られますが、そこは怒られなかったとして（笑）、また大変なわけです。しかし、これを繰り返していると、えー、くれぐれも良い子は真似しないでね、おもしろい現象に直面します。下りだったエスカレーターが上りのエスカレーターに変わるんです。向きが変わって、下から上へと動き始めるのです。つまり、ちょっとと努力するだけでグンと成績が伸びるのです。足踏みするだけで大丈夫になるのです。

これは、勉強を進めるために必要だった基礎的な知識や技術が身に付いたことを示しているのだと思います。例えば、ワープロを使って文章を書くとき、最初は手書きの方が圧倒的に早いですよね。でも、我慢してタッチタイプを練習していると、あるとき突然早く文章を書くことができるようになるではないですか。この感覚なのです。

勉強にはこのような特性があることを、教師になるみなさん、教師であるみなさんは、子どもたちを指導するために理解しておく必要があると思います。

N君の話

さあ、では具体的な授業づくりの話をしましょう。このお話の主人公はN君です。

N君は三人兄弟の末っ子。運動神経は抜群、数学の力や会話の力はとてもあります。そして、笑顔が人懐っこい。私は中学校1年生から彼を担任しました。そして、びっくりしました。彼は小学校6年間の漢字がほとんど抜けていたのです。学習されていなかったのです。

教室で国語の授業の時に、漢字テストをしようものなら教室から飛び出して行ってしまいます。私がブレザーの中にプリントを入れて教室に入り、そこで漢字のプリントを取り出そうものなら

「騙された！」

と叫びながら廊下の壁を叩きながら、走り去って行ってしまいます。私は国語の教師ですから、ブレザーの中から英単語のテスト問題を取り出したら「騙された！」と言われても良いのですが、漢字テストを取り出して「騙された！」というのには、私もとても心が傷つきました。

でも、もっと傷ついているのはN君ですよね。考えてみてください。自分だけ漢字が分からないで授業を受けている状態を。そりゃあ、きついですよね。どうしたらいいものか、あれこれ考えました。そんなにしょっちゅう教室から飛び出されても困りますしね。

半年ぐらいしてからでしょうか。彼との人間関係ができてきた時に、彼に聞きました。

『あのね、漢字の何が分からないのかな？』

私は大学時代にあまり勉強はしなかったのですが、本は読んでいました。その時に非常に心に残った言葉があるのです。それは、林竹二先生という宮城教育大学の学長をされていた先生の言葉です。

分からないことがあったら、子どもに聞けば良い

とてもシンプルな言葉です。「分からないことがあったら、子どもに聞けば良い」。この言葉にずいぶん助けられました。今回もこの言葉を頼って、N君が漢字のどこに困っているのか直接聞くことにしました。すると彼は

「意味」

とぶっきらぼうに答えます。まあ、N君が中学校3年生であったら

『なんだその答え方は、「意味です」とちゃんと答えなさい！』

と怒るところですが、そんなことやったら彼はまた叫びながら逃げてしまいます。

ですから、そこは穏やかに、

『ふーん。意味か。他には？』

と聞いたわけです。すると

「読み方、書き方」

と答えるわけです。私は心の中で

（ぜ、全部じゃん）

と思うのですが、それは顔には出さず

『あ、そう。じゃ、逆に分かることは？』

と聞きました。すると

「名前」

と答えます。

『なんだ。名前は漢字で書けるのか。じゃあ大丈夫。名前と同じだよ。何回も書けば大丈夫。書けるようになるさ、読めるようになるさ』

と言おうとして、私は自分の口を慌てて閉じました。その時はなぜだか分からなかったのですが、教師の勘で閉じました。

むろん、いまなら説明できます。おそらくN君は小学校時代に「なんだ、名前は漢字で書けるのか。じゃあ大丈夫。名前と同じだよ。何回も書けば大丈夫。書けるようになるさ。読めるようになるさ」と言われているはずです。それでも書けるようにならなかったのがN君なのでしょう。これまでにエスカレーターの逆走を彼なりにやってきていると思います。それでも彼のエスカレーターは途中で上向きに進み出すことはなかったのだと思います。もし、私が『なんだ。名前は漢字で書けるのか。じゃあ大丈夫』と話してしまったら、彼は

（なんだ、こいつも同じか）

と思うでしょうし、彼との人間関係はそこで切れてしまい、指導はしにくくなったことでしょう。教育の恐ろしさはこのように瞬間の判断をしなければならないことにもあります。この場合はたまたま勘が働いてブレーキをかけることができましたが、すべてそうなるとは限りません。ですが、その精度を上げるために勉強を重ね、経験を積み上げるしかないんですね。

なるほど。分かったよ。ありがとう

で、ギリギリのところで指導の難所を乗り切ることのできた私は、さらに会話を続けました。

『ふーん。名前ね。他には？』
そう答える私に対して不思議な顔をしつつ彼は、
「これが漢字か漢字でないかは、分かる」
と言ったわけです。
（ほー、なんだ他にも分かることがあるんじゃないか）
と思った私は、その直後愕然とします。
（これが漢字か漢字でないかは分かるったって、分からないのがすべて漢字ってこと
だろ。ひらがな、カタカナ、数字、アルファベットは分かるってことかい？）
ですが、顔には出さず、
『なるほど。分かったよ。ありがとう』
とその場を終わりにしました。

N君からの「プレゼント」

さあ、困りました。読めなくても、書けなくても、意味が分からなくてもできる漢

字の勉強なんてあるのでしょうか。しかし、読めない、書けない、意味が分からないのがいまの彼の状態というのを伝えてくれたのがN君からのプレゼントなんですね。ま、挑戦状かもしれませんが（笑）。

（先生、オレが勉強できないことを正直に話したんだから、先生、こんなオレをきちんと勉強できるようにしてくれるんだろうね）

という挑戦状ですね。

はい、しっかりと受け取りましたよ。おーし、やったろうじゃねえか。

こっちは国語科のプロの教師だ。やりましょう、やりますとも、やりますとき、やりませば、やれと、まあ、変な風に単語を活用させながら考え、調べたわけです。すると、見つかったんですねえ。すんばらしい教材が。

はい、みなさん、ドキドキしてきましたね。なんでしょうか。どんな教材が手に入ったのでしょうか。

漢字ウォーリーを捜せ

私が手にした資料は『漢字あそびファックス資料集　小学校5・6年生』（近野十志夫　民衆社）でした。この中にあった「漢字ウォーリーを探せ」という教材が目に飛び込んできました。似たものの漢字の中に、1つだけ違う漢字が紛れ込んでいるのを捜せと言う問題です。もちろん、絵本の『ウォーリーをさがせ！』（マーティン・ハンドフォード　フレーベル館）からヒントを得た教材です。これならいけるのではないだろうかと思い、早速自分で作ってみました※39（141〜144ページ）。これをN君のいる教室でやってみました。すると、N君は逃げ出しませんでした。私は心の中で

（うしゃあ！）

とガッツポーズを取ったわけです。

漢字ウォーリーを捜せ(1)

漢字の固まりの中に、似ているけど違う漢字が２つずつ入っています。
ヨーイドンで捜して下さい。

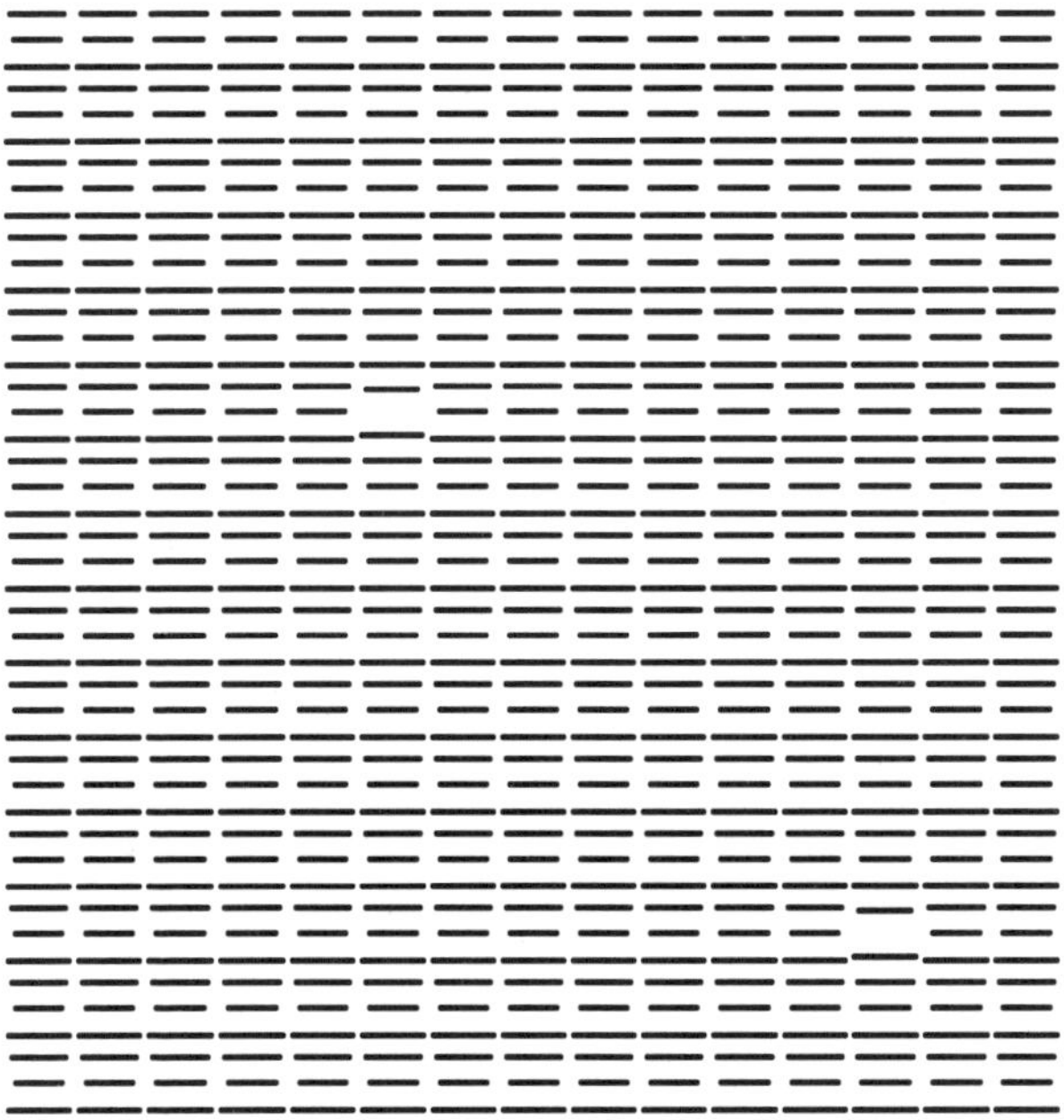

年　　組　　番　氏名

漢字ウォーリーを捜せ(2)

漢字の固まりの中に、似ているけど違う漢字が２つずつ入っています。
ヨーイドンで捜して下さい。

体休体体体体体体体体体体体体体
体体体体体体体体体体体体体体体
体体体体体体体体体体体体体体体
体体体体体体体体体体体体体体体
体体体体体体体体体体体体体体体
体体体体体体体体体体体体体体体
体体体体体体体体体体体体体体体
体体体体体体体体体体体体体体体
体体体体体体体体体体体体体体体
体体体体体体体体体体体体体体体
体体体体体体体体体体体体体体体
体体体体体体体体体体体体体体体
体体体体体体体体体体体体体体体
体休体体体体体体体体体体体体体
体体体体体体体体体体体体体体体

年　　組　　番　氏名

漢字ウォーリーを捜せ(3)

漢字の固まりの中に、似ているけど違う漢字が2つずつ入っています。
ヨーイドンで捜して下さい。

未未未未未未未未未未未未未未
未未未未未未未未未未未未未未
未未未未未未未未未未未未未未
未未未未未未未未未未未未未未
未未未未未未未未未未未未未未
未未未未未未未未未未未未未未
未未未未未未未未未未未未未未
未未未未未未未未未未未未未未
未未未未未未未未未未未未未未
未未未未未未未未未未未未未未
未未未未未未未未未未未未未未
未未未未未未未未未未未未未未
未未未未未未未未未未未未未未
未未未未未未未未未未未未未未

年　　組　　番　氏名

漢字ウォーリーを捜せ(4)

漢字の固まりの中に、似ているけど違う漢字が２つずつ入っています。
ヨーイドンで捜して下さい。

鳥鳥鳥鳥鳥鳥鳥鳥鳥鳥鳥鳥鳥鳥鳥
鳥鳥鳥鳥鳥鳥鳥鳥鳥鳥鳥鳥鳥鳥鳥
鳥鳥鳥鳥鳥鳥鳥鳥鳥鳥鳥鳥鳥鳥鳥
鳥鳥鳥鳥鳥鳥鳥鳥鳥鳥鳥鳥鳥鳥鳥
鳥鳥鳥鳥鳥鳥鳥鳥鳥鳥鳥鳥鳥鳥鳥
鳥鳥鳥鳥鳥鳥鳥鳥鳥鳥鳥鳥鳥鳥鳥
鳥鳥鳥烏鳥鳥鳥鳥鳥鳥鳥鳥鳥鳥鳥
鳥鳥鳥鳥鳥鳥鳥鳥鳥鳥烏鳥鳥鳥鳥
鳥鳥鳥鳥鳥鳥鳥鳥鳥鳥鳥鳥鳥鳥鳥
鳥鳥鳥鳥鳥鳥鳥鳥鳥鳥鳥鳥鳥鳥鳥
鳥鳥鳥鳥鳥鳥鳥鳥鳥鳥鳥鳥鳥鳥鳥
鳥鳥鳥鳥鳥鳥鳥鳥鳥鳥鳥鳥鳥鳥鳥
鳥鳥鳥鳥鳥鳥鳥鳥鳥鳥鳥鳥鳥鳥鳥
鳥鳥鳥鳥鳥鳥鳥鳥鳥鳥鳥鳥鳥鳥鳥
鳥鳥鳥鳥鳥鳥鳥鳥鳥鳥鳥鳥鳥鳥鳥

年　　　組　　　番　氏名

もちろん、この教材を授業にかける前に職員室で試すことは忘れませんでした。その時職員室にいた日本語のほとんど分からない外国人講師にやってもらったのです。やり方を説明すると、"Ok, I'll try" と言って挑戦を始め、できた時には "I got it!" と叫んでおりました。

(日本語が分からない彼ができるのだから、N君も大丈夫だろう)

と思って教室に持ち込みました。で、成功したわけです。

子どもというものはワガママでおもしろい存在です。一度おもしろいと分かると「先生、もっとないのですか?」

と聞いてくるわけです。私は作っていませんでした。ところが、次の授業の時に、自宅で勝手にワープロで作ってくる生徒が出てきました。私はおもしろくなって、それを印刷してみんなで楽しみました。すると、他の生徒も作りたいと言い出すではありませんか。

『よし、それじゃあ。パソコン室で作るか。まず、似たもの漢字のペアを捜すんだぞ』

「先生、どうやってやるんですか」

『漢和辞典を見れば良いんじゃないか』

「漢和辞典ってなんですか？」

『へ？　よーし、そこからか。教えてあげよう』

というふうに授業は進みました。N君は逃げ出さずに参加していました。

（「読めなくても、書けなくても、意味が分からなくてもできる漢字の授業」ができた！）

と思ったものでした。

「つまらない」を「おもしろい」に

この授業をしている時は必死だったので、気がつきませんでしたが、これは授業における教師の指導力の1つ目、つまり「つまらない」を「おもしろい」に変える部分だったんですね。とにかく漢字に興味を持ってもらわないことにはどうしようもない。そこで、ゲームのように楽しみながらできる方法をやってみたというわけです。

おもしろいという日本語は、英語に翻訳すると3つの場合が考えられます。

ア、funny
イ、exciting
ウ、interesting

です。アは、ばかばかしいおもしろさのことを言います。イは、興奮するおもしろさのことを言います。ウは、知的好奇心をくすぐるようなおもしろさです。授業はウであることが理想ですが、この授業での「おもしろい」は、アかイでしょう。しかし、ここから始めることが必要な生徒も教室にはいます。最終的には授業の内容はウにたどり着くようにしたいものです。ですが、アやイから始めることもあるという視点を持つことは大事です。

教室ではしばらくの間、お互いが作り合った問題を授業の最初にやりあうということが続きました。授業の導入の5分間ほどですが、集中して授業を始めることができるというおまけも付きました。

1006字の壁

教室を逃げ出さなくなったN君ですが、「漢字ウォーリーを捜せ」をやらせているだけで漢字の力が付くとは思えません。次は、彼に漢字を理解させる必要があるわけです。

ところで、今の日本人の子どもが覚えなければならない漢字の数ってどのぐらいあると思いますか？　常用漢字が２１３６字。人名漢字が９８３字。常用漢字の中で、小学校６年生までに覚える漢字は１００６字あります。これを教育漢字といいます。多い？　少ない？　漢字の場合は、音読みと訓読み、さらには熟字訓というのもありますから、文字数だけで判断できません※40。が、まあ、とにかく小学校では１００６

字の漢字を覚えなければならないんですね。

ところが、N君はこの１００６字がほとんど抜けているわけです。さて、困りました。もちろん、N君だけを残して指導するという方法もあります。ドリルをやらせるという手もあるでしょう。しかし、これは小学校でやってきた指導でしょう。であれば、クラスで一斉に授業をしつつ、中学校は中学校らしい授業で迫りたいと思ったわけです[※41]。

ですが、ちょっと冷静に考えればこれはとても難しいということがわかります。通常、授業では学習集団の平均あたりの子どもたちが理解できる内容で進めて行きます。そして、その一方で勉強のできない子どもたちに手をかけつつ、学習集団全体を高みへと導く指導を目指して行きます。ところが、１００６字の壁はとても厚く高い。そこで、作戦を立てました。10分の1の１００字に絞ろうと。

そして、さらに考えました。N君が教室で辛い思いをしているのは何が原因なのかを。私は、N君は漢字が分からないのが辛いのではないと、考えました。そうではなく、周りの仲間は分かっているのに、自分だけ分からない状態が辛いと仮説を立てました。もしそうだとすれば、仮に【通常の授業の場合】で上手く授業ができたとしても、彼の辛さは根本的には解決しないということになります。

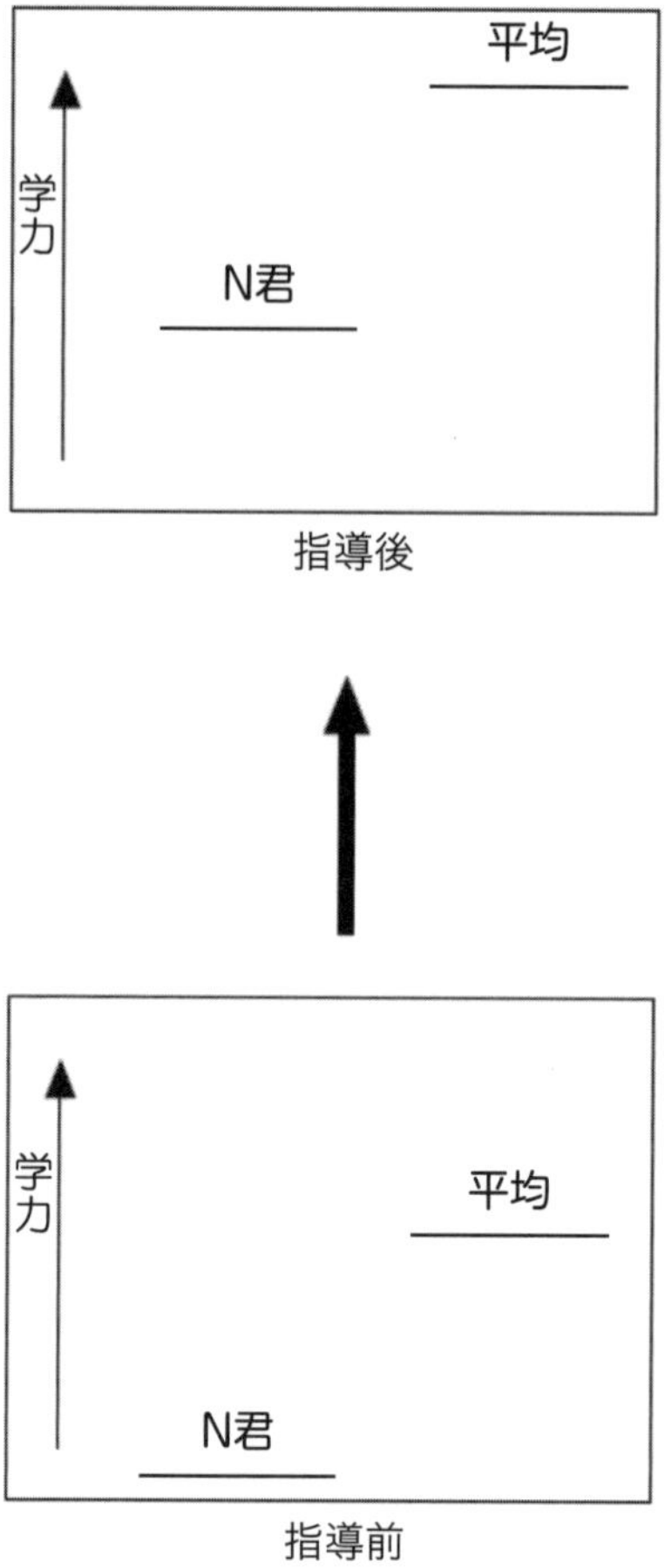

【通常の授業の場合】

では、どう組み立てたら良いのでしょうか。小学校6年間分を埋めるようなインパクトのある授業を組み立てたいですよね。はい、10行分考えて頂きます（笑）。

思いつきましたか？　私が考えたのは、【通常の授業の場合】に見られる「格差」をなくす授業です。つまり【N君スペシャルの授業の場合】というものです。クラスの平均をN君まで下げて、その後一斉に上まで持ち上げるという授業方法です。これならみんな分からないのですから、N君は辛くありません。この方針で良いはずです。

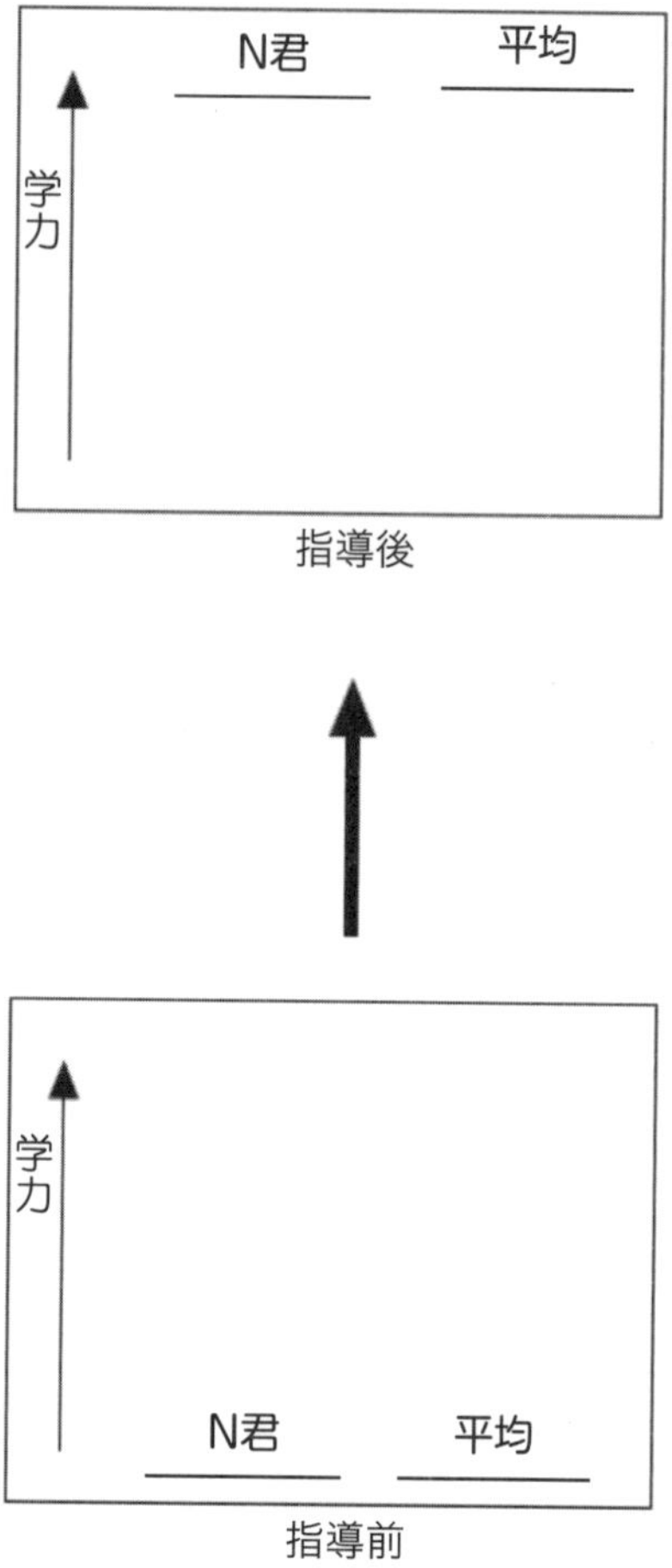

【N君スペシャルの授業の場合】

さて、ではどのように授業をしたら良いのでしょうか。小学校6年間で1006字を学んできている平均の子どもが、分からなくなってしまう漢字の授業ってなんでしょうか。ヒントは、平均の子どもは1006字を本当にきちんと理解しているのだろうかというところにあります。

漢字のルーツクイズ

実は私、国語の教師の他に、高校の書道の教師の免許状も持っています。その道に進んでも良いかなあと思っていたこともあります。ですので、漢字については少し詳しく勉強していたのです。それを使おうと思いました。

いま私たちが使っている漢字は、楷書体と呼ばれる書体です。ですが、文字にはいろいろな書体、今風に言うとフォントがあります。人類が手にした一番古い辞書は、いまから2100年前に中国で作られた『説文解字《せつもんかいじ》』という辞書ですが、ここでは篆書《てんしょ》という書体が使われています※42。この書体はいまの楷書と似ていないものが多いのですが、漢字そのものの成り立ちや意味を考える上ではとてもおもしろい書体なのです。この書体を使って指導できないかと考えました。

この篆書《てんしょ》という書体を使えば、平均レベルの子どもたちは自分たちが理解してきた漢字であっても分からなくなります。そして、漢字の成り立ちを詳しく理解することで、小学校の基礎漢字の復習をすることができるのではないかと考えたのです。

さあ、方針は固まりました。たしか、どこかに参考になる本があったような記憶があります。私は大きな本屋に走りました。そして、見つけたのが『漢字はみんな、カルタで学べる』(伊東信夫・宮下久夫　太郎次郎社)と『101漢字カルタ』(宮下久夫ほか　太郎次郎社)でした。

これらの本を基にして、「漢字のルーツクイズ」というプリントを作りました。小学校6年間で習う漢字で重要な漢字100個は、このカルタを基にして選びました。そして、昔の漢字から、いまの漢字を書く欄、読み方を書く欄、なんでこういう漢字になったのか意味を書く欄のプリントを作りました。1回の授業でだいたい5問から10問をやりました。

例に出したプリントですが、みなさん分かりますか。ちょっとやってみてください。

「分からない」を「分かった」に

書き終わりましたか？　では確認してみましょう。9番の漢字は一番分かりやすいでしょう。これは、「川」ですね。読み方のところに、「かわ」と書いた人は、間違いですよ。もう一つありますよね。何でしたっけ？「河川」という熟語で使いますよね。はい、そうです。「せん」と書いた人はダメですよ。「セン」です。「かわ」は訓読みで「セン」は音読みですね。音読みとは、もともと中国で使われていた漢字の読み方です。日本語の表記方法では、外国語はカタカナで書くという決まりがあります。野球はベースボールですが、「べーすぼーる」って書かないでしょ。同じです。音読みは中国から来た読み方、中国は外国です。だから、カタカナで書くのです。

という感じで授業を進めます。N君は、

（ふーん）

という顔をして聞いています。平均レベルの子どもたちであっても、「川」の音読みを書かない子ども、音読みを平仮名で書いてしまう子どももいます。そこを復習して正しているのですが、N君にとってはほとんど記憶にない初めて学ぶ項目です。これが学習のスタートラインを一緒にするという一つの方法です。

もう一つは、見ても良く分からない漢字から、漢字そのものを考えるというものです。６番を見てください。なんだか分かりますか。あまりに分からないので、答えを言います。これは「止」です。漢字は分かりましたが、なんで「止」なのか分かりますか？　これは左足の裏の皺を表しています。走っていて止まると、足の裏に皺ができるでしょ。それからできた漢字だと言うのです。「え〜」とか私に文句を言わないでください。２１００年前にそうなっているのです。文句があるなら、そっちに言ってください（笑）。

漢字のルーツクイズ

10	9	8	7	6	番号
	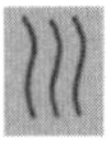		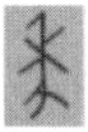	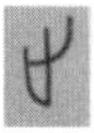	昔の字
					今の字
					読み方
					意味

世界最古の字典『説文解字』より

となると、８番が分かりますね。これは足の裏が2個。左の下に右があります。これは「歩」です。ちなみに「足」は左足の裏の上に、膝のお皿を表す○があるという形からできています。ね、おもしろいでしょう。さらにいきますか。７番は、人類が古くから食べているものです。根があって、茎があって、葉っぱがあって、一番上の部分がお辞儀しています。これは「麦」です。

さて、最後の10番はなんでしょう。「倉」とした人。はい、残念でした。これは、「食」です。これは、食器の形を表しているんです。上の三角の部分が蓋。その下が器に食べるものが盛りつけられている様子です。それでは、その下にある長い部分と下の曲がっている部分は何でしょうか。実は、これは脚なんです。この漢字の作られた時代の中国にはテーブルというものがなく、食器そのものに脚があったんですね。だから、「食」です。

という感じで１００問もやれば、中には動物的な勘でN君も当たったりすることがあって、それはそれで楽しかったですね。少しずつN君に「分かった」を増やしていったわけです。N君はその後、努力を重ね電気技師の国家試験に合格するまでになりました。私は教師の喜びをN君からもらいました。

「できないをできた!」にしたい　津川式「超」記憶法

漢字指導でN君には間に合わなかったことが一つあります。そうです、「できないをできた！」にする方法です。私は結局最後はドリルをやらせていました。何か方法はないかなと思いながら。彼には間に合いませんでした。悔しい思いを持ったまま、新しい学校に異動しました。そして、そこでその方法に出会ってしまいました。

当時の驚きを書いた教科通信をそのまま読み上げてみますね。

「平成十七年度　杉並区立和田中学校　国語科通信『志　学』No.二十三」より

本当ならすごい　とても簡単な漢字の覚え方

子どもの頃は、訳の分からないことに熱中することがある。漢字練習でもそうである。私が漢字練習に熱中した第一期は、小学校の五年生の時なのだが、そのときにやった練習は、毎朝届く新聞で決まっていた。

それは、「裏の白い広告に漢字練習をする」というものである。これは結構スリリングで、その日によって練習量が増えたり減ったりするのだ。なんでこんなことを始めたのか。たぶん母親に乗せられてやったんではなかったかと思う。

「修、運が良ければ練習しなくて良い日があるのよ」なんて言われた気がする。実際はそんなことはなかったかと思うが、母親の作戦に乗せられてしまっていた私である。

◆

が、そんな練習なんてぶっ飛んでしまうほど、簡単な漢字の記憶方法を見つけてきた。あまりにも簡単なので嘘じゃないかと思うほどだが、やってみたところで、いま覚えている漢字を忘れるわけでもないし、何人か救えれば見つけものと思って三年生の授業でやってみることにした。参考にした本は、『世界最速「超」記憶法』（津川博義　講談社）である。

方法を教えた後、３Ｂで、去年の入試問題として出題された漢字で試してみた。

1　ベンゴシ　　弁護士
2　ソソグ　　注ぐ
3　ガラ　　柄
4　キガン　　祈願
5　ヒジュン　　批准
6　シュシ　　趣旨

7　ナゲク　　　　嘆く
8　カタマリ　　　塊
9　スタレル　　　廃れる
10　アオギ　　　　仰ぎ

の漢字を約5分間で覚えさせたのだが、25人の3年B組のクラスで、3人が満点、1人が9点、1人が8点であった。

教室からは、

「すごい！」

「気持ち悪い」

「なんで、覚えているの？」

という声が出た。

そこで私は、

『昨日覚えた「推薦」とか「携帯」とかも書ける？』

と聞いてみたら、

「書ける」

という。

そんなところに、ある生徒が、

「先生、この漢字はひょっとしたら簡単だから書けるんじゃないですか？　もっと難しい漢字で試してみてください」

というので、

『おーし、んじゃあ、「バラ」だ』

とバラの漢字で試してみた。

覚えさせてみると、すぐに書ける。漢字練習などしたことのない、彼や彼女まで

書ける。何て言ったって、漢字練習はいらないのだからできるのだと思う。生徒は
「授業の最後にもう一度書いてみたい」
と言う。んだ、んだ、その通りだ。瞬間的に覚えているだけでは意味がない。

それから20分後、チャイムが鳴りそうになったところで
『おーし、おーし、バラだ。バラだ。バラを書いて見よ』
「おー、書いてみる――――！」
と書かせてみると24人が書けていた。ひえーである。

こうなったら、去年の入試に出題された漢字をがんがん覚えてしまおうと言うことになった。私たちが使っている問題集には、去年入試に実際に出題された漢字が304個ある。都立の入試までには十分間に合う。

◆

ちなみにバラは、薔薇である。

興味ありますか。そうであれば『世界最速「超」記憶法』（津川博義 講談社）を手にしてやってみてください。びっくりしますよ。私はこの方法で、中学校3年生を対象にして高校入試に出そうな漢字304個を1ヵ月ちょっとで、ほぼ覚えさせてしまいました。その時の生徒のつぶやきが印象的です。

「先生、こんなんだったら、漢字検定試験は3級ではなくて2級を申し込んでおけば良かったです」

再び心の中でガッツポーズをする私でした。

そして、N君すまん、君には間に合わなかったなあとも思う私でした。教師は指導法などについて常に学び続けなければなりません。ということは、いま教えている生徒より、来年教えている生徒の方が優れた指導方法で指導されることになります。つまり、来年よりも今の方が下手な授業をしているということになります。これはどうしようもない事実です。でも、いまが私という教師の最高の状態なのかと自分に問うて、そうだという思いを抱ければ、心のどこかに
(いままでの私の教え子のみなさん、ごめんね)
という思いを抱きつつ、いまの目の前の生徒の指導に、いまの力量で当たっていくしかないのです。

学習権宣言

教師の仕事の中心を占める、「授業をつくる」ということが少し分かってもらえたでしょうか。ちょっとしたまとめとして、私が授業をつくる時に考えていることを話してみたいと思います。授業は、次の4つの領域が重なり合って浮かび上がってくるものではないかと私は考えています。

ア、生徒が学びたいもの
イ、教師が教えたいもの
ウ、社会が教えておきたいもの
エ、人類が求めているもの

です。アは、生徒自身が成長するために必要だと考えている内容です。イは、教師が大事だと思っていること、指導が得意だと思っているものです。ウは、家庭や地域社会、国などが社会生活を運営する上で必要だと考えているものです。これがあるから、税金で義務教育を無償にしているのですね。そして、エです。人類は授業に何を求めているのでしょうか。そのヒントは、ユネスコ・国連教育科学文化機関が１９８５年に出した「学習権宣言」に見つけることができるのではないかと思っています。

学習権宣言

学習権とは、
読み書きの権利であり、
質問し、分析する権利であり、
想像し、創造する権利であり、
自分自身の権利を読み取り、歴史をつづる権利であり、
あらゆる教育の手立てを得る権利であり、
個人および集団の力量を発達させる権利である。

（中略）

学習権は、経済的発展の手段ではない。それは基本的権利の一つとして認められなければならない。学習行為は、あらゆる教育活動の中心に位置づけられ、人びとを出来事のなすがままにされる客体から、自分自身の歴史を創造する主体に

変えていくものである。

そして、自分の授業に対する評価は次のような規準を考えて行っていました。

一、楽しく真剣な雰囲気で行うことができたか。

二、授業を受ける前と後を比べて、この授業を受けなければ得られないものが生徒に生まれたか。

三、ここで学んだことは、子どもと子どもたちの日常生活や将来にも役立つかどうか。

四、ここで学んだことは、人類を幸せにするきっかけを作っているかどうか。

常にこの4つの領域と、4つの評価で振り返っていたわけではありません。ですが、新しい授業を組み立てる時、組み立てなければならない時は、この規準で見つめ直していました。

N君からの本当のプレゼント

私は、N君から授業をつくるためのヒントというプレゼントを貰いました。ま、「読めなくても、書けなくても、意味が分からなくてもできる漢字の勉強」を用意してねという挑戦状だったのかもしれませんが、プレゼントでもあったわけです。そうして、このように、あれこれ授業を考えて行きました。話すとあっという間ですが、この指導をするために流れている時間は7年間です。

私はいま、つくづく思うんですよね。N君からは良い時間をプレゼントしてもらったってね。あれこれ考えて、挑戦して、その結果彼を伸ばすことと同時に私には指導力が付きました。いえ、N君からプレゼントしてもらったんでしょうね。教師は、とっても大変だけど、少しだけ「それを上回ると――ってもいい瞬間」があるんですよ。教師を目指すみなさん、若い教師のみなさんには、是非このプレゼントを、子どもたちを指導する中から受け取ってほしいと思うんです。教師という仕事を選んだものだけが貰う可能性を許されている、とっても贅沢なプレゼントなんですよ。

※38 この溢れる位置を、専門用語では、閾値《いきち》と言います。

※39 近野本では「探せ」となっていますが、教材の性質と漢字の意味から、私の教材では「捜せ」としてあります。

※40 梅はバイとうめという音読みと訓読みを持っています。雨はウとあめという音読みと訓読みを持っています。梅雨はバイウと読めば音読みですが、「つゆ」と読むと熟字訓になります。梅にも雨にも「つ」「ゆ」という読み方はありませんね。

※41 中学生というのはおもしろいもので、学力は小学校の3年生ぐらいであっても、プライドはしっかりと中学生です。（小学生の使う問題集なんてやってられっか）となるんですね。だから中学生は面倒くさくておもしろいんです。

※42 詳しく言うと、篆書の中の小篆という書体です。

第8章

社会につながる学力とは

さあ、最後の話になりました。もう少しだけお付き合いください。最後は、私の母親の話をさせてください。

私の母親は東京の下町で生まれました。1歳で父親を亡くし、東京大空襲を逃げ回って生き延び、中学校卒業と同時に15歳で社会に出ました。26歳で結婚するまで会社を10社も変わったことも私が高校に進学する辺りで話してくれました。会社で物がなくなると、私の母親が盗んだことにしてくれと言われて退職させられたこともあっ

たという話も聞きました。当時は父親がいない娘はだらしがないという偏見があったんですね。もちろん、母親は

「私は取っていない。服を脱ぐから調べてください」

とまで言ったそうですが、

「あなたが盗んだことにしてくれれば、上手く収まるんだ」

とクビにされたこともあったと言っていました。そして、27歳で私を産むまで、いや産んでからも働き続けていました。そんな母親に私は良く怒られました。いや、いまだに怒られているか（笑）。たとえば、

「あんたには知識はあるかもしれないが、あたしは知恵があるんだからね。偉そうにするんじゃないよ」

「あたしはね、先生と呼ばれるほど馬鹿じゃないよ」

「手を洗ってうがいをする前に冷蔵庫を開けるんじゃないよ！」

と、まあ、こんな風にです。このような説教はある意味納得するのですが、小学生の時に怒られた次の言葉は良くわかりませんでした。

「修、本なんか読んで遊んでいないで、家の仕事をしなさい」

私の友人に聞いてみると、全く逆で、本を読まないと怒られるというのです。また、たまに本を読んでいたりすると、お茶とかお菓子とかが出てくるというのです。なんという待遇の違い！　と私はあきれていました。そして、

（ははあ、自分が本が嫌いだから読ませないんだな）

と思ってさえいました。

ところが、その母は子育てが一段落したあたりから本を読むのです。60歳を過ぎてからも大活字本を図書館から借りてきて読むのです。そして、

「修、本はおもしろいねえ。でも、カタカナで書かれている言葉の意味が分からない

ねえ」

と言うのです。私はおそるおそる聞きました。

『え？　本は嫌いだったんじゃないの？』

「好きだよ。だけど、働くのに忙しくて読んでいる暇がなかったからね」

と答えるのです。私は翌日慌てて電子辞書を買ってきてプレゼントしました。

母は、15歳から働き始めたと言いました。ということは15歳から税金を払っているんです。所得税とか住民税とかですね。10万円稼げば、自動的に1万円とか2万円とかが税金として引かれてしまうわけですね。その税金はいろいろなところに使われるわけです。そうです。図書館の本を購入するためにも使われるわけです。ところが、娘時代の母は忙しくてその本を借りに行くことはできない。借りることができるのは、働くことをしないで高校や大学に通っていた生徒、学生たちです。彼らは本を借りて楽しみ、そして勉強をして賢くなって就職して行きます。そして、母よりは裕福な生活を手に入れたのかななんて思うわけです。

税金は払っても、読んでいる時間のなかった若き日の母。そして、その本で賢くなった人たち。

「どうしてくれるんだ」などと母は言いません。「カタカナの言葉がわからない」と文句を言い、「修、手を洗ってうがいをする前に冷蔵庫を開けるんじゃないよ」と叱るだけです。

私は、もう一度、教育はラグビーだと思うのです。

恩送りの意味を考えるのです。

私たちの国の教育基本法の第一条（教育の目的）には、改訂された後にも「教育は、人格の完成を目指し、」とあります。母の払った税金は社会を良くしようとするために努力をする人の教育に繋がったと思いたいのです。

もし、私が、学力を定義するならば、「人格を完成の方向に導く力」「いまの社会を良くすることができる力」としたいのです。

私たちはいろいろなものを受け取ってきました。悪いものを取り除き、良いものを選び、私たちの世代で少し良いものを増やし、次の世代の子どもたちに伝えて行く。それが教育を担う教師の仕事なのだと思うのです。

結論

さて「まえがき」で考えてもらったことを、もう一度みなさんに問います。

あなたはなぜ教師になりたいのですか。

何があなたを教師にしようとしているのですか。

最後まで話を聞いて下さいまして、ありがとうございました。

池田　修（いけだ　おさむ）
1962年7月5日生まれ。
長年東京の中学で国語の教鞭をとる。現在、京都橘大学発達教育学部児童教育学科教授。NPO法人「明日の教室」理事。noteはikedaosamu。趣味は、料理、写真、歌、釣り。「国語科を実技教科にしたい」「学級を楽しく経営したい」「作って学ぶ、遊んで学ぶ」をキーワードにして、実践と研究を重ねている。
著書『中等教育におけるディベートの研究』（大学図書出版）、『スペシャリスト直伝！　中学校国語科授業成功の極意』『子供の「困った発言」に5秒で返す　教師の「切り返し」』『作文指導を変える』（以上、明治図書出版）。編著に『クイズにほん語の大冒険1～3』（教育画劇）など。NHK教育テレビ「テストの花道」監修、東京書籍中学校国語『新しい国語』編集委員。経済産業省「未来の教室」教育コーチ。文部科学省、学校DX戦略アドバイザー。「初等中等教育段階における生成AIの利用に関する暫定的なガイドライン」学識経験者などを務める。

新版　教師になるということ

2013年 2 月14日初版発行
2024年 3 月26日11刷発行

著　者　池田《いけだ》　修《おさむ》
発行者　佐久間重嘉
発行所　学 陽 書 房

〒102-0072　東京都千代田区飯田橋1-9-3
営業部　TEL03(3261)1111　FAX03(5211)3300
編集部　TEL03(3261)1112
http://www.gakuyo.co.jp/

装丁／笠井亞子
印刷／加藤文明社　製本／東京美術紙工
※乱丁・落丁本は、送料小社負担にてお取替え致します。

ISBN978-4-313-65236-1 C0037